W0381836

Innenwelt Verlag

DANIEL ODIER

Begierde, Leidenschaft & Spiritualität

Der tantrische Weg des Erwachens

Impressum

Titel der französischen Originalausgabe
Desirs, Passions & Spiritualité
Editions JC Lattes
Übersetzung: Prem Nirvano
Lektorat: Hellwig Schinko
Umschlaggestaltung: Bunda S. Watermeier
Satz: Anand Premendra
1. Auflage

Druck: MVR Druck, Brühl
Printed in Germany
ISBN 3-936360-04-9

FÜR GENEVIEVE

Das höchste Ziel des Reisenden ist es, nicht mehr zu wissen, was er betrachtet.
Jedes Lebewesen, jedes Ding gibt Gelegenheit zu einer Reise, zu einer Betrachtung.

Laotse

Inhalt

I

II

I

1

Hedonistische oder spirituelle Suche?

Seit einigen Jahrzehnten versuchen wir uns nun schon mit allen möglichen Mitteln zu befreien – nicht nur von einem entfesselten Materialismus, sondern auch von unseren ausgelaugten religiösen Traditionen. Die Wogen der sexuellen Befreiung und der Wiederentdeckung der Spiritualität gleich welcher Ausrichtung sind mit Macht über uns hinweggerollt. Die Angebote zur „persönlichen Entfaltung" vervielfachen sich schwindelerregend, keiner kommt heute mehr ohne seinen Schamanen, seinen persönlichen Meister, seinen Therapeuten, seinen Kristall- bzw. Tarotdeuter, seine Wahrsagerin, seinen chinesischen oder tibetischen Arzt aus – so wie man früher halt seinen Hausarzt hatte oder wenn man zu den Auserwählten zählte, seinen Psychoanalytiker. Das New Age hat Kreuzungen quer Beet zwischen den verschiedensten

Traditionen hervorgebracht und es geschafft, aus authentisch mystischen Strömungen die verwässertsten und trügerischsten Mischungen zu destillieren.

Zum Glück sind aber auch die Tibeter an unseren Gestaden gelandet mit ihrem Lächeln, ihrem Sinn für Humor, ihrer Strenge und ihrer tiefen Weisheit – ebenso wie Sufi-Meister, Zen-Meister und Meister mit buddhistischem, hinduistischem oder indianischem Hintergrund – alle in dem Bemühen ihre unvergleichlichen Traditionen in authentischer Form bekannt zu machen. Die geheimsten Schulen haben sich so ihren Weg bis zu uns gebahnt. Die Anhänger des *Dzogchen*, des *Bön-po*, des *Naths*, des *Advaita* und des *Aghori* sind mitten unter uns. Authentische Meister und Scharlatane werfen sich fröhlich ins Gedränge, in ganz Europa wimmelt es nur so von Retreats und Selbstfindungswochenenden. Man lernt auf glühenden Kohlen zu laufen oder mit Geistern Kontakt aufzunehmen, zwölf Stunden pro Tag reglos in Meditation zu sitzen, in Trance zu gehen, wie ein Yogi zu atmen und bestimmte Stellungen einzunehmen, seinen Körper und seine Sinne zu entdecken, tantrischen Sex zu genießen, Mantras zu rezitieren; oder man fällt gar auf die Sekten herein, die nur darauf warten, unseren Traum vom Unbedingten in die traurigen Kanäle der Entfremdung von unserer angeborenen Freiheit umzuleiten. Wir lassen uns einweihen oder uns unsere Chakren „öffnen“, wecken die Kundalini auf, sprechen kabbalistische Formeln nach und verehren sämtliche Gottheiten der Erde, unterhalten uns mit den Engeln und erfinden das Wenige, was wir von den Traditionen wissen, noch einmal neu und machen daraus eine Art leicht verkäufliche Konfektionsware.

Aber im Grunde stellen wir uns damit immer nur ein und dieselbe Frage, nämlich: Lässt sich die Erfahrung westlichen

Gesellschaftslebens mit einer tieferen Bewusstseinsebene vereinbaren, so dass wir dabei glücklich werden und zwar in Übereinstimmung mit unseren Gefühlen und unserer Sinnlichkeit?

Wonach wir uns sehnen, ist ein Weg, der nicht gegen das Leben ist, ein Leben, das nicht unserem Weg diametral zuwiderläuft – mit einem Wort, wir wollen einen harmonischen Ausgleich zwischen dem Spirituellen und dem Materiellen, auf eine Art und Weise, die realisierbar ist und nicht zu sehr von unserem kulturellen Umfeld abweicht. Wir wollen Zugang zu unserer vollen Entfaltung, ohne dabei auf das aufregende Prickeln des Lebens verzichten zu müssen; wir wollen eine federleichte und bewegliche Freude, die uns die allumfassende Erfahrung der Wirklichkeit beschert.

Rings um uns her werden wir Zeuge, wie sich die Menschen in eine hedonistische Suche nach Vergnügungen stürzen. Jeder will seine Leidenschaften ausleben und manchem gelingt das sogar. Andere wiederum frönen ungehemmt einer materialistischen Welt, nur um am Ende Opfer eines Dauerfrusts zu werden, der sie zu einer immer neurotischeren Sucht anpeitscht. Das sind dann die großen Egoisten, die nur Schaden in ihrer Umgebung anrichten; aber insgeheim beneiden wir sie – manchmal wohl auch, weil wir uns einbilden, sie wären frei. Sie lassen in uns das Echo einer natürlichen und angeborenen Hoffnung auf Lust erklingen. Wir finden ihre überschäumende Vitalität anregend, auch wenn wir so tun, als verurteilten wir sie. Und tatsächlich gibt es Begnadete unter ihnen, die aus ihrem hedonistischen Genuss eine heimliche Lebenskraft ziehen; einige sind zutiefst philosophisch.

An ihrem Gegenpol entdecken wir andere, die sich ganz der spirituellen Suche verschreiben und nichts anderes im

Sinn haben, als sich von all ihren Wünschen und Leidenschaften zu reinigen oder zumindest deren Einfluss auf ihr Alltagsleben zu verringern. Weise nennt man sie oder „Menschen auf dem Wege zur Weisheit“. Mit Stolz schwören sie auf irgendeine spirituelle Schule. Schaut man aber etwas tiefer, so haften ihrer gestrengen Selbstzucht öfters Anzeichen eines verdorrten Herzens und Körpers an – ein gewisser Mangel an Spontaneität. Ihr ganzes Wesen ist in eine Aura der Angst vor der Frau gehüllt. Sie scheinen allzu großen Spannungen ausgesetzt – ihre Tugend wirkt ziemlich gezwungen. Ihre Toleranz kennt Grenzen, oft sind sie leicht fanatisch und alles deutet darauf hin, dass sie leicht aus dem Gleichgewicht geraten könnten, dass es nur einer hübschen Versuchung bedürfte, um sie genau in dieselbe neurotische Genusssucht umkippen zu lassen, die sie an anderen so stark verdammen. Nur den wenigsten gelingt es, alle Leidenschaften in sich abzutöten; sie gelangen dann tatsächlich zu einem gewissen Seelenfrieden und finden, was ihnen ihre Lehren verheißen hatten.

Unser kulturelles und religiöses Erbe scheint uns vor die Wahl zu stellen: Sei entweder für das Spirituelle und gegen den Körper oder für den Körper und gegen das Spirituelle. D.T. Suzuki, die herausragende Autorität unter den zenbuddhistischen Gelehrten, hat einmal die christliche Überlieferung sarkastisch vor seinen Freunden, dem amerikanischen Mythologen Joseph Campbell und dem Psychoanalytiker Carl Gustav Jung, folgendermaßen charakterisiert: „Die Natur gegen den Menschen, der Mensch gegen die Natur; Gott gegen den Menschen, der Mensch gegen Gott; Gott gegen die Natur, die Natur gegen Gott. Komische Religion?!“ [1]

Nur sehr selten finden wir allein durch die hedonistische Suche oder die körperfeindliche spirituelle Suche Glück,

Harmonie und Seligkeit. Die Sprache der Mystiker neigt fast immer dazu sich des Vokabulars von Liebe und Leidenschaft für das Spirituelle zu bedienen. Genau das macht sie für die Puritaner so unerträglich. In unseren westlichen Kulturen haben wir viele leidenschaftliche Menschen zutiefst verdammt, ob Gottsucher oder Wissenschaftler, Philosophen oder Künstler.

Die widernatürliche Spaltung in das Sinnliche und das Geistige stürzt jeden in tiefe Seelenqualen, der sich für egal welchen Weg entscheidet. Üblicherweise weisen wir jeweils eine Lebensphase der Erprobung beider Welten zu, eine nach der anderen: Den Jüngeren wird mit säuerlichem Lächeln zugestanden, es doch ruhig mal mit der Leidenschaft, dem Verlangen, der Sinnlichkeit zu versuchen; man weiß ja: Eines Tages landen sie genau da, wo man selber ist, erschöpft und notgedrungen weise geworden.

Manche verausgaben sich auf dieser Suche; dann ist ihnen der gnadenlose Spott all derer gewiss, die nur darauf warten, sie in ihre Reihen aufzunehmen. Kaum sind die Menschen über vierzig, flackert die Leidenschaft noch einmal kurz in ihnen auf; danach sacken sie in sich zusammen – erschöpfte Opfer der allgemeinen Missbilligung. Den einen oder anderen erweckt dieses Aufbäumen aber auch wieder zum Leben und beschert ihm Glück.

Über die sexuelle Revolution der Sechziger Jahre sind viele Worte gemacht worden. Sie hat in unserer Gesellschaft tiefe Spuren hinterlassen, sie hat die Frauenemanzipation weitergebracht, sie hat uns ermutigt uns für unseren Körper zu öffnen, ihn von der Heimlichtuerei zu befreien. Heute nimmt man Themen in den Mund, die vor ein paar Jahrzehnten noch keine Zeitschrift anzuschneiden gewagt hätte.

Und ausgerechnet in dieser Zeit, deren Zauberwort „Kommunikation“ lautet, wo man binnen Sekunden Zugang zu unbegrenzten Informationen hat, beklagen wir uns darüber, den Kontakt zu unserm Körper und anderen Menschen verloren zu haben, leiden wir unter extremer Einsamkeit, leiden wir darunter einander nicht mehr berühren zu können, leiden wir darunter, unseren Gefühlen, unseren Emotionen, unserer Sinnlichkeit nur mehr virtuell Ausdruck geben zu können.

Aids hat uns dermaßen zur sexuellen Vorsicht gezwungen, dass in jeder Beziehung von vornherein der Keim der Angst steckt. Die Folge ist eine zwangsläufige Kontaktscheu, so dass unsere Körper kaum mehr Gelegenheit finden sich auf das kosmische Spiel überhaupt noch einzulassen, mit Haut und Haar, selbstvergessen und erfinderisch.

Eines fernen Tages wird dieses Phantom sicherlich gebannt sein, werden wir eine neue Welle sexueller Ekstase, der Entfesselung, der Lebensfreude, des Genusses erleben, bis diese sich dann auch wieder im Sande verlaufen wird, unter dem Schock weiß Gott welcher Ereignisse oder einfach nur deshalb, weil sie sich ausgetobt hat.

Sind wir also dazu verdammt, ohne Unterlass zwischen diesen beiden Polen hin- und herzuschwanken? Nahezu alle Menschen, denen ich begegne, haben die tief sitzende Intuition, dass es noch einen dritten Weg gibt. Wir haben heute genug von Fanatismus, Gewalt und Ausschließlichkeitsansprüchen, wir haben uns der Welt und ihrer Vielfalt immer mehr geöffnet. Was die Frauen und Männer von heute suchen, ist ein Weg, Gegensätze zu einer wahrhaften Liebe zu vereinigen, die den ganzen Reichtum zu akzeptieren vermag, der sich in jedem einzelnen Menschen verbirgt.

2

Ein dritter Weg

Schon in den ersten Jahrhunderten unserer Zeitrechnung hat ein mystischer Weg Indien revolutioniert, dessen Wurzeln mindestens bis ins dritte Jahrtausend v.Chr. zurückreichen. Er wirkte sich nicht nur auf den Hinduismus, sondern auch auf gewisse buddhistische Schulen aus, die von einem mehr oder weniger radikalen Puritanismus geprägt waren, bis hin zur erstaunlichen Verbannung der Frauen von den höheren Priesterrängen.

Dieser dritte Weg ist der shivaistische Tantrismus Kaschmirs. Vor etwa fünf oder sechs Jahrtausenden im Indus-Tal geboren, erlebte der Tantrismus seine spektakulärste Entwicklung in Kaschmir und Oddhiyana (einem angrenzenden Königreich), wo er etwa zwischen dem siebten und dreizehnten Jahrhundert u.Z. zum Höhepunkt kam. Die Meister des tibetischen und chinesischen Buddhismus sowie Inder der verschiedensten Glaubensrichtungen strömten herbei, um ihren Wissensdurst zu Füßen so genannter Yoginis, weiser Frauen und Siddhis, erfüllter Männer, zu stillen, die den Weg des ungeteilten Wesens lehrten.

Dieser Weg hat dank seiner unvergleichlichen Tiefe und Feinheit nichts mit jenem Warenangebot zu tun, mit dem heute der Westen im Namen von Tantra überschwemmt wird. Dies ist ein Weg, auf dem sich der Mensch entwickelt, kraft der Entfaltung sowohl seiner Sinnlichkeit als auch seines Bewusstseins.

Tantrismus ist also alles andere als die Suche nach hedonistischem Sex, sondern führt zur Einheit des Seins. Daher lautet mein Rat: Lassen wir uns doch einmal etwas mehr auf diese Tiefen ein und wir werden entdecken, dass wir Heutigen sie ebenfalls in die Praxis umsetzen können. Auch uns stehen Freude, Ekstase, Selbstständigkeit zu; wir brauchen nur dauerhaft Tuchfühlung mit der Realität aufzunehmen; und das geht durchaus auch im Rahmen unseres gesellschaftlichen Alltagslebens.

„Wie kannst du, solange du dich nicht dadurch befreit hast, die Sinnenwelt zutiefst genossen zu haben, dein Bewusstsein vollendet nennen?", singt Saraha, einer der Großmeister des Buddhismus, der irgendwann zwischen dem zweiten und siebten Jahrhundert u.Z. gelebt haben muss. Saraha wurde Schüler einer Yogini, deren Kunst darin bestand, ihre Pfeile auf die Herzen der Menschen abzuschießen. Sie gehörte der *Sahajiya*-Schule an, den „spontan Erwachten". Diese tantrischen Meister buddhistischer, hinduistischer und kaschmirischer Herkunft wagten das ebenso abgründige wie kühne innere Abenteuer, dem spirituellen Menschen seine Sinne, seine Leidenschaften, seine Gefühle, kurz seine Sexualität zu belassen.

Die tantrische Strömung hat sich anfangs klipp und klar gegen die orthodoxen Traditionen sowohl des Buddhismus wie des Hinduismus abgegrenzt. Sie hat dermaßen bedeutende Meister, Philosophen, Dichter und Künstler hervorgebracht, dass die tantrische Kreativität auf diverse Schulen des buddhistischen „Großen Fahrzeugs“ und des Hinduismus tiefen Einfluss ausgeübt hat. Zahlreiche historisch verbürgte Meister hingen im Geheimen der tantrischen Vision an. Shankara, der große Philosoph des Vedanta, war ein tantrischer Meister. So herausragende Gestalten des modernen Indiens wie Ramakrishna, Sri Aurobindo, Vivekananda, Ramana Maharshi waren ebenfalls Tantriker. Der gesamte tibetische Buddhismus ist zutiefst tantrisch geprägt und der chinesische *Chan* ist in einem Maße von dieser Strömung durchdrungen, dass ein Meister unserer Zeit, Yuan Tsch'ao sagen konnte: „Tantra ist die Krönung des *Chan*.“[2] Der *Dzogchen* hat nicht nur den kaschmirischen Tantrismus beeinflusst, sondern hat ihm auch seinerseits Impulse gegeben.

Das Christentum, das Judentum, der Islam, der Buddhismus des „Kleinen Fahrzeugs“ (*Hinayana*) und der Hinduismus lehren allesamt, dass man seinen Begierden und Leidenschaften entsagen oder sie sublimieren müsse, um bei der spirituellen Suche fündig zu werden. Mit dieser puritanischen Einstellung geht freilich der teilweise oder völlige Ausschluss der Frauen einher, besonders auf der höchsten Ebene, der Einweihung und Weitergabe der Lehre.

Die tantrischen Schulen aller Richtungen machen nun aber reinen Tisch mit jeder Art von Formalismus, Dogmatismus, Puritanismus, Frauenfeindlichkeit, Kastensystem und machen für alle Gesellschaftsschichten den spirituellen bzw. mystischen Weg wieder frei, einfach indem sie keinerlei Unterschiede mehr zwischen den Menschen gelten lassen.

Diese tief greifende Revolution wird eine beispiellose schöpferische Kraft hervorbringen, im mystischen Bereich ebenso wie in Wissenschaft und Kunst, durch die der Mensch seine Einheit wieder findet, indem er seine gesamte Wesensnatur ohne Einschränkung annimmt.

Weit entfernt davon einen Weg zu propagieren, der die egoistische Suche nach Lustgewinn begünstigt, ermutigen uns diese Meister und Schulen dazu, mit Hilfe einer fein gewirkten und spielerischen Disziplin, uns nichts Menschliches fremd sein zu lassen, auf dass wir schließlich eine tiefere Form finden mögen, unsere Begierden und Leidenschaften zu leben – nämlich indem wir sie bis zur allerhöchsten Stufe des Glühens bringen. Denn „am kosmischen Ende unserer Sinnesorgane zerstiebt das Ego", heißt es bei Saraha – d.h. alle Bindungen und Leiden lösen sich auf.

Und auf diesem Weg, der weder ein Verleugnen noch ein Transzendieren kennt, forsche ich nun schon seit dreißig Jahren; erst mit meinem tibetischen Meister Kalu Rinpoché, später mit meiner shivaitisch kaschmirischen Meisterin, der Yogini Lalita Devi. Sie war es auch, die mich zur Weitergabe dieses unmittelbaren und kosmischen Weges der Selbsterkenntnis (*Pratyabijna*) autorisiert hat.

Von unserem Verlangen, unseren Sinnen und Leidenschaften und ihren tiefen Verbindungen zur Spiritualität zu sprechen, ist das einzige ernsthafte Gegengift zu jeglichem Frömmigkeits- und Sektenwahn, ebenso wie zum landläufigen Materialismus. Denn nichts rüttelt mehr an ihren Grundfesten als diese Sprache und die Glut, die sie vermittelt. Alles nämlich, was sich der Kontrolle dieser Leute entzieht, was sich weder zurückpfeifen noch unterwerfen lässt, flößt ihnen heiliges Grausen ein. Und es wird endlich Zeit für uns, zur absoluten Freiheit, zur Liebe und zur Fülle zu finden, mit Hilfe unseres Verlangens und unserer Leidenschaften, mit ungebundenen Händen und Füßen. Wir wollen raus aus unserer in die Wiege gelegten Schuldhaftigkeit und unseren Körper als Ganzes akzeptieren, schließlich ist er unser einziger Zugang zur unendlichen Wirklichkeit. Ohne ihn wären wir nichts. Mit ihm können wir alles sein.

Der amerikanische Ethnologe Gregory Bateson hat sich auf diesen schwankenden Boden hinausgewagt, der heute immer mehr Wissenschaftler fasziniert, nämlich „nachzuforschen, ob es für den religiösen Menschen zwischen dem materialistischen und dem übernatürlichen Standpunkt – diesen beiden Albtraum-Zitadellen des Wahns – nicht irgendwo noch einen Punkt gibt, der trägt und der Sinn macht.

Für mich sind die herkömmlichen Vorstellungen von Geist und Stoff, von Subjekt und Objekt ganz und gar unannehmbar. Ich verweigere mich dem zeitgenössischen Materialismus ebenso entschlossen, wie ich den heute so modischen Flirt mit dem Übernatürlichen ablehne.“[3]

3

Heimweh nach Einheit

Eine der Ursachen, warum wir leiden, kommt daher, dass in unseren tiefsten Schichten so etwas wie ein Heimweh nach Einheit existiert. Es ergreift uns manchmal in unseren Kinder- und Jugendjahren, bricht sich aber auch noch im Erwachsenenalter mit Macht Bahn. Im Allgemeinen spielt man diese gewaltige Erfahrung des Einsseins mit der Welt herunter. Die Erwachsenen nennen das dann Tagträumerei, Fahrigkeit oder nicht ganz geheure Verschmelzungszustände, die sich aber mit der Zeit ganz von allein wieder legen. Was dann leider auch im Normalfall so ist.

Wir alle müssen Zeiten durchmachen, die man gemeinhin Krisen nennt und in deren Verlauf wir dieser starken Nostalgie begegnen. Alles, was uns dann später einmal überflutet, unsere geregelte Lebensweise anzweifeln lässt, uns mitreißt, zutiefst berührt oder deutlich unsere Grenzen spüren lässt, kann diesen Zustand des Einsseins wieder zum Leben erwecken. Oder uns vielmehr unerträglich klarmachen, wie sehr er uns fehlt. In solchen Krisenzeiten fühlen wir uns dann meistens sehr zerbrechlich, wenn auch außerordentlich lebendig; und es ist genau dieses Gefühl, erneut aus der sprudelnden Quelle zu trinken, was uns zu Taten beflügelt, mögen diese sich nun als segensreich oder belanglos oder gar katastrophal erweisen.

Dieses Gefühl, dieser Freiheitsjubel, dieser Freudentaumel ist es genau, was wir hier mit „Leidenschaften" meinen. Und obwohl wir wissen, dass sie uns wieder zum Leben erwecken, flößen sie uns normalerweise Schuldgefühle ein – die sich wiederum mit der Missbilligung der Gesellschaft decken. So als wäre unter Leben nichts anderes zu verstehen, als ein allmähliches Sich-Drein-Schicken ins Ersticken, ins langsame Sterben. Doch kein Mensch, nicht einmal die Tugend in Person, kann sich solcher Anwandlungen, ja Anfälle erwehren. Wenn sie meist fehlgedeutet werden, dann einfach nur deshalb, weil jedermann sehr wohl weiß, wie abgrundtief herrlich es is, durch die eigenen Leidenschaften aus der Erstarrung gerissen zu werden. Gerade die, die aus dem Gnadenstand gefallen sind, zeigen als Erste mit moralischem Finger auf die Opfer dieser inneren Erschütterungen. Und so geht das Missverständnis immer weiter – von Generation zu Generation.

Die Moralisten reden immerfort von der Kontrolle, Eindämmung, Ausrottung der Begierden und Leidenschaften; die Fanatiker setzen das dann so in die Tat um, dass sie leidenschaftliche Menschen ausrotten. Aber niemand kommt durchs Leben, ohne von der verzehrenden Substanz der Leidenschaft gekostet zu haben. Und warum bereiten uns diese Anfälle so viel Leid? Warum verkriechen wir uns, nachdem wir sie gelebt haben, meist wieder im Winterschlaf? Warum bezahlen wir willig den unverschämt hohen Preis, den die Gesellschaft von den Leidenschaftlichen verlangt? Oder haben wir etwa bei der Einrichtung unserer Lebensweise einen fundamentalen Fehler gemacht? Warum stimmt unser Ideal nicht mit unserer tief sitzenden Intuition überein? Warum nehmen wir hin, dass das Staunen keine entscheidende Rolle mehr in unserem Leben spielt?

Die Tatsache, dass wir unser eigentliches Potenzial verraten haben, geht nicht nur auf unsere Erziehung oder die Schwierigkeiten des Lebens und des Überlebenskampfes zurück. Sie geht vor allem auf unsere geistige Welt zurück – auf unsere Mythen, unsere Religion, unsere auf biblischen Texten und der Genesis beruhenden Vorstellungen: Erbsünde, Sündenfall, Erlösung. Da sitzen die mächtigen Wurzeln unserer Gehemmtheit und Schuld. Auf sie geht unser Gefühl der Abgeschnittenheit zurück.

In sämtlichen Religionen haben die Autoritäten seit jeher versucht sich an der Macht zu halten, indem sie sich dadurch unersetzlich machten, dass sie dem Menschen seinen freien Willen und jede Aussicht auf Erlösung absprachen, falls er sich nicht eingestehen wollte, dass er unfähig war, sich ohne Umwege an Gott zu wenden, oder etwa gar das Göttliche in sich selbst zu erkennen.

Diese Makler haben die Macht an sich gerissen und wollen sie auch behalten. Geflissentlich passen sie sich den Wechselfällen der gesellschaftlichen Entwicklung an, stets geschmeidig machen sie Reformen und wechseln ihre Masken. Aber im Grunde kann sich nichts ändern, weil die entscheidende Frage nie gestellt wird. Ihr ganzes Bestreben ist es, unsere Einheit mit dem Göttlichen zu leugnen und sich ihre Jagdreviere zu sichern. Nach Jahrtausenden des Experimentierens hat es den Anschein, dass der Mensch weder durch die Androhung der Hölle noch die Verheißung des Paradieses zu jener inneren Freiheit und Erfüllung hat finden können, nach der er sich nach wie vor sehnt.

Wer aufhört seine Macht abzutreten, befreit sich im gleichen Zuge auch von der absurden Erwartung, andere könnten ihn retten. Und im selben Augenblick wird er frei atmen können. Plötzlich hat er genug Raum, Stille und Gnade gefunden, um die Gesamtsituation unter die Lupe zu nehmen und sein Freiheitspotenzial selbst in die Hand zu nehmen – so wie es Frauen und Männer des 20. Jahrhunderts zusteht.

Dank meiner Forschungsreise in die Einheit des Seins vermag ich nunmehr zu zeigen, bis zu welchem Grade sowohl die großen tibetischen Wege der Befreiung, *Mahamudra* und *Dzogchen*, als auch der ursprüngliche chinesische Buddhismus, der *Chan*, ihre Weisheiten aus den Quellen der Siddhas aus Kashmir und Oddhiyana geschöpft haben, denn alle sind sie sich einig darin, dass das menschliche Sein absoluter Natur ist und sich auf einem dritten Wege erforschen lässt, so wie ihn der Tantrismus vorgibt.

Ich möchte dich hiermit zu einer Entdeckungsreise einladen – ihr Leitfaden besteht aus den tiefgründigsten Texten der tantrischen Tradition; aus Gesprächen mit Menschen, die diesem Weg folgen; Befragungen von Besuchern des Tantra/*Chan*-Zentrums; sowie aus den Übungen und Praktiken von Tantrikern der verschiedensten Schulen.

Vielleicht wird diese Reise es dir möglich machen, eine Intuition oder Hoffnung zu bestätigen, die du mit der Mehrheit der Menschen teilst, nämlich die Hoffnung auf einen Weg, der die Gesamtheit der menschlichen Erfahrung einbezieht, ohne Angst und ohne Tabus, froh genießend, voller Liebe und Glückseligkeit.

II

1

Die Kraft der Frau

Der kaschmirische Shivaismus erkennt im Gegensatz zur indischen Tradition die Kasten nicht an; insofern bestreitet er auch, dass die Weitergabe der mystischen Lehren und die Vertrautheit mit den heiligen Texten nur einer dieser Kasten, nämlich den Brahmanen, vorbehalten sei. Er leugnet zudem jeglichen Rangunterschied und damit jegliche gesellschaftliche oder ethische Diskriminierung zwischen Mann und Frau. Nicht nur hatten die Frauen in Kaschmir Zutritt zu diesen Lehren; sondern ihre Fähigkeiten galten zu allen Zeiten als tiefer und unmittelbarer als die der Männer. So weiß denn die Überlieferung von einer ganzen Reihe von Yoginis und wissenden Frauen, die den Göttern durch die Ausübung ihrer Künste, die Tiefe ihrer Praktiken dienten. Ja, durch ihre schiere Lebenskraft, die ihnen gestattete, bis in die allerfeinsten

Mysterien vorzudringen. Navjivan Rastogi, ein hervorragender Kenner des kaschmirischen Tantrismus, schreibt hierzu: „Durchaus möglich, dass diese außerordentliche Hervorhebung der Shakti (im *Krama*-System des kaschmirischen Tantrismus) auf die spirituelle Aktivität weiblicher Meister zurückzuführen ist. Dass diese weiblichen Meister aber eine so wichtige Rolle spielen, ist wiederum darauf zurückzuführen, dass dies System, wie es heißt, dem Munde der Yoginis entsprang".[4]

Die Yoginis erfreuten sich, wie alle Frauen Kaschmirs eines ungeheuren Ansehens und nirgendwo in den Texten kommt auch nur eine Stelle vor, wo ihr Wert herabgemindert würde. Man schreibt ihnen oft die Mutterschaft der Vorstellung vom zyklischen Wesen aller Dinge zu – einer Vorstellung die für den Tantrismus typisch ist.

Auch, dass diese Lehren auf der Wirklichkeit beruhen und für jeden unmittelbar verständlich sind, womit die Klippen eines zu abgehobenen, ja überflüssigen philosophischen Überbaus vermieden werden, man dafür aber in viel größere Tiefen vorstoßen kann.

Es heißt zudem, dass dieses tantrische Bestehen auf der Wirklichkeit – statt auf einer Vorstellung von der Welt als Illusion, wie es Vedanta und bestimmte Buddhisten (mit Ausnahme des *Yogacara* und des *Chan*) vertreten – zum Teil der Vision dieser Frauen zu verdanken sei. Für die Yoginis kommt eine Philosophie, die sich nicht der Gesamtheit der Menschen klar vermitteln und von ihr verstehen lässt, ebenso wenig in Frage wie irgendwelche Riten und Dogmen, Glaubensbekenntnisse und Voreingenommenheiten, die ihre Anhänger vom Rest der Welt nur isolieren würden.

Die Kraft der Frau hat ihren Ursprung in legendären Erzählungen. Darin heißt es, dass die Götter einst vom Auftauchen eines riesigen Phallus bedroht wurden, der sich anschickte das Paradies zu vernichten. Dieser *Lingam* aus schwarzem Stein verwüstete Wälder und Paläste, bohrte sich durch Seen, schleifte Berge und Hügel. Die Götter warfen ihm ihre Heere entgegen, aber keine Macht der Welt vermochte etwas auszurichten. Schließlich erinnerten sich die Götter der Großen Göttin, die sie in ihrer Eitelkeit bisher immer ignoriert hatten. Sie nahten sich ihr mit tiefen Verbeugungen, stellten ihre Ehre wieder her und erkannten einstimmig ihre Vormachtstellung an, falls es ihr gelänge, mit dem verheerenden *lingam* fertig zu werden. Daraufhin zeigte sich die Große Göttin am Himmel, überwältigte den Riesenphallus und führte ihn in sich ein, was ihm einen solchen Genuss bereitete, dass sein Vernichtungswahn sich vollkommen legte.

Seither gilt im Tantrismus folgende Rollenverteilung:

Die Frau ist Inbegriff der Kraft, während der Mann die Fähigkeit des Staunens verkörpert. Eine Hymne an die Göttin des *Shaktisangama Tantra* besingt diese schöpferische Kraft:

Die Frau hat das Universum erschaffen,
Das Universum ist ihre Form.
Die Frau ist die Basis der Welt,
Sie ist die Urform des Körpers.
Gleich welche Gestalt sie annimmt,
Ob die eines Mannes oder einer Frau,
Es ist die überlegene Form.
In der Form der Frau liegt die Form aller Dinge beschlossen,
Von allem, was auf der Welt lebt und sich regt.
Kein Juwel übertrifft den Wert der Frau,
Und kein Zustand ist dem ihrigen überlegen.
Nirgends gibt es, gab es, wird es je eine Bestimmung geben,

Die der gleichkäme.
Kein Reich und kein Reichtum
Ist mit einer Frau zu vergleichen.
Nirgends gibt es, gab es, wird es eine heilige Stätte geben –
Die der Frau gleichkäme.
Kein Gebet kommt einer Frau gleich.
Nirgends gibt es, gab es, wird es je ein Yoga geben –
Das an den Rang einer Frau herankäme,
So wenig wie je eine mystische Formel
Oder eine Askese die Frau aufwögen.
Nirgends gibt es, gab es, wird es je einen Schatz geben –
der den Wert einer Frau überträfe.[5]

2

Was wir suchen, sind wir selbst

Die kaschmirische Weltanschauung kommt in einer Folge von einfachen Aussagen zum Ausdruck:

Du bist Shiva/Shakti.
Shiva/Shakti ist das Selbst.
Das Universum ist das Spiel deines Bewusstseins.

Woraus sich natürlicherweise ergibt, dass es weder Verunreinigung, noch Reinigung noch etwas Göttliches außer dem Selbst gibt, auch keine Übungen oder Riten und nichts zu erreichen, wovon wir abgetrennt wären. Das Bewusstsein ist das Ganze, das Ganze ist das Bewusstsein. Alle Suche muss sich somit nach innen richten, auf dass jenes ungeteilte, vollkommene und unveränderliche Bewusstsein zum Vorschein komme, dass im Innern jedes Einzelnen erkennbar ist. Schlagartig entfällt so jeglicher Mittler, jegliche Distanz, jegliche Trennung. Von nun an dreht sich alles nur noch darum, das Bewusstsein von seinen Trübungen zu befreien, die uns da weismachen wollen, wir wären ein abgespaltenes, einsames und unwürdiges Wesen.

Man muss nicht vom Göttlichen besessen sein – das letztlich ja nichts weiter ist als eine Projektion unseres absoluten Selbst –, um durch diese Suche gewahr zu werden, dass die Einheit, nach der wir streben, bereits in uns vorhanden ist. Das Ergebnis wird eine völlige körperliche wie geistige Entspannung sein, eine Harmonie, eine tiefe Freude, wie sie sich jedes menschliche Wesen erträumt; jedermann weiß schließlich, dass das Glück nicht auf der Anhäufung von Macht oder Gütern beruht. „Du bist das, wonach du suchst“, sagen die tantrischen Meister.

Die Suche nach diesem schlichten Glück, unbefrachtet von jeglichen Dogmen und religiösen Glaubenssätzen, von jeglicher Unterwerfung unter eine Priesterschaft und jeglicher Hoffnung auf eine Heiligung durch andere ist genau das, wonach jeder sich sehnt, nämlich ein laizistischer Weg *par excellence.* Wir wollen nichts weiter als Unabhängigkeit und Harmonie und eine andauernde und tiefe Freude an der Welt, möglichst ungetrübt von allen Ängsten, allen Beklemmungen.

Ein einfaches Ziel also, dass alle Menschen unterschreiben können, ob sie nun materialistisch oder spirituell denken, denn diese Glückserwartung ist allen gemeinsam. Es zu erreichen ist nur deshalb so schwer, weil dieser Weg völlig unromantisch ist. Einzige Voraussetzung ist, dass wir uns mit unserem Alleinsein abfinden; denn nur so können wir überhaupt erkennen, dass wir mit dem Ganzen verbunden sind.

Die Zugehörigkeit zu einer Gruppe erzeugt häufig eine Art Narkose, die uns mit der Illusion einwiegelt an etwas teilzuhaben, woran es allen Einzelmitgliedern dieser Gruppe mangelt: Vollständigkeit. Unsere Urangst, die Angst vor der Auflösung, vorm Nichtexistieren, verhindert lediglich die Erkenntnis, dass wir, wenn wir uns für etwas Spezielles und damit für etwas Isoliertes halten, nur noch diese eine Sache sind und alles andere verlieren. Indem wir akzeptieren nichts zu sein, gewinnen wir die Welt.

Diese logische Formulierung ist der Schlüssel zur tantrischen Vision und zur schöpferischen Rolle von Begehren und Leidenschaften, welche kraft ihrer Sinnlichkeit als die schnellsten Rennpferde betrachtet werden, die uns zum Selbst hintragen können! Wohlgemerkt in spezifisch tantrischem Sinne von „Begehren und Leidenschaften", so wie die Tantriker sie leben, nämlich auf eine absolute Art und Weise.

Die erste Frage, die sich stellt, ist, wie man von vornherein sein ganzes Leben so mit Leidenschaft leben kann, damit man eines Tages nicht hinterrücks von der Leidenschaft überwältigt wird, wenn sie in ein Leben einbricht, das sie leugnet. Die Vernünftigen antworten hierauf, dass die Leidenschaften unvermeidlich zu Leid führten. Was in der Tat bereits in der lateinischen Wurzel des Wortes Passion, Leidenschaft, zum Ausdruck kommt: *Passio* heißt *Leiden.*

Von Kindesbeinen an sind wir dieser Information ausgesetzt und im Allgemeinen läuft das Leben derer, die ununterbrochen ihrer Leidenschaft frönen, darauf hinaus, dass sie ausbrennen, leiden und verlöschen. Mangels anständiger Gewährsleute kommen wir dann zu dem Schluss, dass es klüger sei das Reich der Leidenschaft zu meiden, bis auf die wenigen unvermeidlichen Augenblicke des Überlaufens, in denen wir uns mit dem Mut der Verzweiflung einen Schluck aus diesen Quellen gönnen. Die tantrische Vision beruht auf einer ununterbrochenen Glückserfahrung. Uns aber erschöpfen die brutalen Wechselbäder, denen wir uns aussetzen.

Wir alle kennen dieses tiefe Erdbeben unseres Seins für die Dauer von ein paar Sekunden oder auch ein paar Stunden. Wenn wir unsere Vergangenheit prüfen, werden wir uns erinnern, in der Kindheit und frühen Jugend vollkommen mit der Welt verbunden gewesen zu sein. Die Erinnerung an diese ekstatische Kommunion mit einem Menschen oder einer Sache wird uns als Schrittmacher dienen können, uns etwas tiefer auf die Möglichkeit einer leidenschaftlichen Daseinsweise einzulassen.

Je mehr ich in den tantrischen Weg eintauche, desto gewisser bin ich mir, auch in unserer Kultur Spuren finden zu können von dieser Freiheit, von dieser Rückkehr zum Ursprung des Seins, zur Einfachheit, zur fundamentalen Erfahrung des „Ich bin“, die allen Menschen gemein ist. Es gibt keinen Schatten von Zweifel in mir, dass diese Möglichkeit, sich mittels der Sinne, der Begierde und Leidenschaft in die ursprüngliche Freiheit und Ekstase hineingleiten zu lassen, in sämtlichen Kulturen Widerhall finden kann; sie brauchen nur erst zutiefst verstanden werden.

Wenn ich mich für die kaschmirische Überlieferung entschieden habe, so deshalb, weil sie mir den unmittelbarsten Zugang zu beleuchten scheint, jedenfalls trifft dies auf mich zu, nicht zuletzt aber auch, weil ich sie dort in einer Frau verkörpert fand: der Yogini Lalita Devi. In ihr fand ich einen Tribut an unsere Ur-Erinnerungen. Nämlich die Göttlichkeit der Frau, geradezu als Vermächtnis an die Frau von heute, die ebenfalls diese Göttlichkeit birgt. Auch sie kann sensiblen und staunenden Männern, die sie in ihrem Körper aufnimmt, ein tiefes Gefühl dafür vermitteln.

Was erhoffe ich mir also davon, wenn ich hier die Grundzüge des kaschmirischen Weges darlege, auf dem es um die Sinne, Begehren und Leidenschaften geht? Nichts anderes, als in Menschen aus anderen Kulturkreisen eine Erinnerung wachzurufen, auf dass sie in ihren eigenen Quellen diese ungeheure Lebenskraft wiederfinden und sie in ihr Alltagsleben umsetzen können, rückhaltlos in der Präsenz gegenüber der Wirklichkeit lebend.

3

Die Atmung – das Tor zur Wahrnehmung

Wer die volle Präsenz für seine Sinneseindrücke, Gefühle und Gedanken entfalten will, der muss als Allerserstes seine Aufmerksamkeit auf die eigene Atmung richten. Statt uns also Hals über Kopf in irgendwelche Atemübungen zu stürzen – so raten uns die tantrischen Meister –, sollten wir uns erst einmal bewusst werden, auf welche Art und Weise wir überhaupt atmen. Allein schon durch diesen Akt der Bewusstmachung wird unsere Atmung friedlicher und voller werden. Es kommt nicht darauf an, sich neue Verhaltensweisen anzueignen; denn den tantrischen Meistern zufolge kann keinerlei tiefe Entwicklung in Unbewusstheit stattfinden.

Sobald man sich bewusst gemacht hat, wie man atmet, kann man seine Atmung sich selbst überlassen. Jetzt, da ihr allmählich gestattet wird sich auszuweiten, kommt sie voll zur Entfaltung, vorausgesetzt, dass diese Bewusstwerdung, sich nur ganz langsam vollzieht und nicht von dem Gedanken angetrieben wird etwas tun zu müssen, d.h. eine bestimmte Technik um einer bestimmten Wirkung willen einzusetzen. Alles, was es im tantrischen Yoga „zu tun" gibt, geschieht nicht um eines nachfolgenden Gewinns willen, sondern ist lediglich ein Üben, dessen Frucht einem schon dadurch in den Schoß fällt, dass man einfach übt. Wir atmen also einzig und allein zu dem Zweck, um zu einer tiefen harmonischen Atmung zu gelangen.

- Jeden Morgen bleibe ich, gleich nach dem Aufwachen, noch eine Weile im Bett liegen und richte meine Aufmerksamkeit darauf, in Bauch und Becken hineinzuatmen. Völlig entspannt – die Hände auf der Brust, die Daumen auf dem Brustbein, die Beine leicht gespreizt – spüre ich meine gelösten Bauchmuskeln und atme sanft und friedlich ein, wobei sich der Bauch beim Luftholen ausdehnt, das Steißbein leicht nach hinten gekippt und das Kreuz gewölbt wird.
  Nach einer kleinen Pause atme ich wieder aus, indem ich die Bauchmuskeln einziehe und das Steißbein nach vorn stoße, wie beim Liebesakt mit einer Göttin oder einem Gott.
  Nach und nach mache ich mir bewusst, wie sich diese Atmungsweise auf das Zwerchfell auswirkt: Es pulsiert wie eine Qualle im lauen Meerwasser.

- Nach einigen Wochen solcher Aufmerksamkeit auf meine Atemzüge entwickelt sich daraus eine bewusste Atmungsweise, deren ich mir auf Dauer bewusst bin, die sich also auch auf die Zeit erstreckt, die ich außer Haus verbringe – etwa wenn ich auf der Straße laufe, am Arbeitsplatz ankomme oder mal für einen Moment lang von meiner konzentrierten Arbeit aufschaue.

• Ich mache mir kleine Ortswechsel zu Nutze um ein paar Schritte lang tiefer in meine Atmung hineinzuspüren.

• Vor einer wichtigen Zusammenkunft „schalte ich um" auf Bauchatmung. Während der Zusammenkunft mache ich mir regelmäßig mein Atmen bewusst und erlaube meinem Becken und meinen Muskeln immer wieder sich tief zu entspannen und zu lockern.

• Es ist viel wichtiger sich mehrmals am Tag seiner Atmung bewusst zu werden, als irgendeine Übung zu strapazieren. Die „Mikropraktiken" des tantrischen Yoga dauern alle kaum mehr als fünf, zehn oder dreißig Sekunden. Danach wendet man sich dann ganz bewusst wieder seiner jeweiligen Beschäftigung zu. Dieser Rückzug ist sehr wichtig, weil er einen davor bewahrt, in Automatismen zu verfallen und sich einzureden nützliche Übungen zu machen!

• Anfangs versuche ich etwa zehn bis zwanzig Mal pro Tag bewusst auf meine Atmung zu achten. Nach und nach, je nachdem wie viel Spaß es macht, darf es immer mehr solcher Augenblicke des bewussten Atmens geben, bis hundert Mal pro Tag und mehr.

• Der Spaß an der Sache ist ein zentrales Element tantrischer Praxis. Sobald uns unsere Bewusstwerdung nämlich

Spaß macht, wächst natürlicherweise auch die Lust darauf. Dann wird das Üben, zu einem volleren Auskosten des Lebens mit allen Sinnen. Und daraus ergeben sich dann alle folgenden Übungen.

• Eine bewusste oder auch nur bewusstere Atmung führt zu:

- Stressabbau
- Sensibilisierung der Sinneswahrnehmungen
- Regelmäßigem Schlaf
- Gleichmässigem Blut- und Lymphfluß
- Ruhe und Ausgeglichenheit
- Besserer mentaler Leistung
- Lauter Minipausen, über den Tag verteilt
- Verbesserter Konzentration
- Bessere Körperkoordination
- Freude und Erfülltheit

Sobald dein automatisches Atmen in eine bewusste Atmung übergegangen ist, wirst du das Gefühl haben die Welt total anders wahrzunehmen! Plötzlich sind deine Ängste und Befürchtungen in Bezug auf andere verflogen und du hast das tiefe Gefühl festen Boden unter den Füßen zu haben. Der Volksmund nennt das „mit beiden Beinen auf der Erde stehen".

Der Erfolg aller hier folgenden Techniken der volleren Sinneswahrnehmung hängt einzig und allein davon ab, ob man bewusst atmen kann. Einzelnen Tantra-Meistern ist dies dermaßen wichtig, dass sie sich nur darauf beschränken die Technik des richtigen Atmens zu lehren. Selbst Buddha gründet seine Lehre im *Anapanasati Sutra* auf der Technik des voll bewussten Atmens:

„Die Technik der voll bewussten und entfalteten Atmung, auf Dauer praktiziert, führt zur letzten Vollendung."[6]

Man-An, ein Zen-Großmeister des siebzehnten Jahrhunderts, schrieb in seinem „Grunddiskurs über Zen": „Wenn du ausatmest, mache dir bewusst, dass du jetzt ausatmest. Wenn du einatmest, mache dir bewusst, dass du jetzt einatmest. Bleibe bewusst bei deiner Atmung, lass sie nicht unregelmäßig werden, gib dich nicht dem Strom der Gedanken hin oder irgendwelchen intellektuellen oder emotionalen Deutungen, wolle nichts begreifen – achte einfach nur auf deinen ein- und ausströmenden Atem und lasse keinen einzigen Atemzug aus."[7]

4

Ist die Einheitserfahrung unsere Urerfahrung?

Woher haben wir das, dass wir intuitiv wissen, mit der Welt eins sein zu können? Niemand hat uns das ja eingeredet und wann immer wir von unseren Einheitsgefühlen oder -eingebungen gesprochen haben, haben wir uns ja auch auf niemanden berufen. Warum sind wir uns dessen so gewiss, dass eine solche Einheit möglich sei? Ganz einfach deshalb, weil das unsere unmittelbare und innerste Erfahrung ist und weil dies eine unveräußerliche Gewissheit ist. Schließlich haben wir diese Erfahrung gelebt – lange bevor jegliche Prägung einsetzen konnte.

In seinen ersten Lebenswochen fühlt sich das Neugeborene weder von seiner Mutter noch von seiner Umgebung getrennt, befindet es sich in einer unterscheidungslosen Einheit. Wahrscheinlich ist keine Phase unseres Lebens stärker und bedrohlicher als diese. Keine Empfindung der Folgezeit kann diese Erfahrung in den Schatten stellen. Sie ist uns sozusagen eingraviert, egal welchen Lebensweg wir später einschlagen werden. Von Zeit zu Zeit wird diese Erfahrung wieder aufblitzen, aus heiterem Himmel, und uns unser ganzes Leben lang daran erinnern, dass wir jederzeit wieder mit ihr in Verbindung treten können.

Freud nannte diese Empfindung „das ozeanische Gefühl". „Nur aufgrund dieses ozeanischen Gefühls dürfe man sich religiös heißen – auch wenn man jeden Glauben und jede Illusion ablehne."[8]

Bei diesem Gefühl der Einheit, gegen das wir uns später sperren werden, scheinen wir es mit unserer allerersten Erfahrung des Menschseins zu tun zu haben. Könnten wir die Uhr zurückdrehen, würden wir zweifellos feststellen können, dass dies von Anfang an der Urgrund unseres Daseinsgefühls gewesen ist. Auch dass es, so weit wir zurückblicken können, von jeher in unserem Gehirn, unseren Genen so geschrieben steht.

Wir wissen heute, dass das Gehirn vor der Geburt etwa so viele Neuronen besitzt, wie es Konstellationen im Weltraum gibt (ca. hundert Milliarden, denn jede einzelne kann zwanzigtausend Verbindungen herstellen. Selbst nach der Zerstörung von neun Zehnteln dieser Neuronen bleiben noch zwei Millionen Milliarden von Querverbindungen übrig). Sehr bald schon kommt es nämlich zu einer massiven Zerstörung dieser Neuronen; erst hierdurch kann das Gehirn überhaupt in Funktion treten. Neun Zehntel davon gehen also zu Grunde und dieser Verfallsprozess erstreckt sich über unser ganzes Leben. Das ist etwa so, als enthielte unser Gehirn zunächst die Gesamtheit des Universums, verlöre diese dann aber zu Gunsten seines In-Funktion-Tretens, jedoch nicht ohne

Erinnerungsspuren in uns zu hinterlassen – in Form eines Heimwehs nach Einheit.

Aber ist es wirklich unerlässlich, dass sich in uns die Vorstellung bildet abgeschnitten zu sein? Sie wird uns ja eher kulturell denn persönlich vermittelt? Wenn sich das Ego entwickelt – schon sehr früh, lange vor dem Sprechen können, setzt, im gleichen Maße wie sich das Sprachvermögen entfaltet, das Gefühl der Abgeschnittenheit ein, zunehmend beschleunigt durch die Einwirkung unserer jeweiligen Gesellschaft. Jetzt müssen wir uns „hervortun", müssen wir uns den Herausforderungen des Lebens stellen, müssen uns als brillant, intelligent, nützlich erweisen und über all dem bläht sich das Ego auf. Wie kommt es also, dass uns selbst nach dem schwungvollen Lösen all dieser Aufgaben immer wieder dieses Heimweh nach der Einheit packt?

Ganz einfach daher, dass diese unsere eigentliche Natur ist und dass wir sie sowenig vergessen können, wie wir vergessen können zu atmen.

Und auf dem Grundstein dieser zentralen These ruht das gesamte, so flexible wie allumfassende kosmische Gebäude des shivaitischen Tantrismus Kaschmirs.

5

Die Welt berühren

Die Haut stellt die sichtbare Grenze unseres Körpers dar – und unseren Berührungspunkt mit der Außenwelt. Durch bewusstes Atmen stellt man allmählich fest, wie die Haut immer lebendiger, immer empfindsamer, immer „süßer" wird. Schon nach wenigen Wochen der Atembewusstheit wirst du die Entdeckung machen, dass dein Körper keineswegs durch die Haut eingegrenzt wird. Deine Empfindungen werden weit über sie hinausgehen, werden sich in Wellenringen ausdehnen, die sich weit entfernen, um die Welt zu berühren, um danach wieder zum Körper zurückzukehren. Dies wird eine ungemein angenehme Empfindung sein und genau so ergeht es auch allen Yoginis und allen Yogis.

Der Anteil der Haut am Gesamtgewicht unseres Körpers beträgt ca. sechzehn Prozent; sie hat eine Oberfläche von mehr als eineinhalb Quadratmetern. Sie ist nicht nur unser sensibelstes Organ, sondern auch dasjenige, das uns am meisten „nährt". Ein Säugling, der nicht berührt wird, baut sehr schnell ab, selbst bei hinreichender Ernährung. Seine Hirnfunktion wird gestört und er kann sogar sterben. Erwachsene, die niemanden berühren und von niemandem berührt werden, werden schwach und kraftlos. Manchmal brauchen Kranke lediglich Körperkontakt, um wieder zum Leben zu erwachen, und so mancher Krankenpfleger weiß dies sehr wohl. Massagen z.B. gehören zu den wirksamsten Mitteln, um bei guter Gesundheit zu bleiben und sich ein ausgeglichenes Nervenkostüm zu erhalten und nicht zuletzt unseren Körper immer besser kennen zu lernen. Afrikanische und asiatische Frauen massieren ihre Babys sehr viel, das aktiviert all ihre verästelten Nervenstränge. In ihrer Umgangssprache nennen sie das dann: „sie vollenden". Denn ein tiefes Gefühl sagt ihnen, dass ihr Kind nicht nur durch die Geburt zur Welt kommt. Heute ist bekannt, dass bestimmte Hirnströme, die nicht schon in den ersten Monaten stimuliert werden, einfach versiegen.

Ein bloßes Streicheln weckt unseren gesamten Sinnesorganismus auf. Die Tantriker praktizieren dieses Massieren ihr ganzes Leben lang; in Kaschmir gilt die Kunst des Berührens als ein völlig eigenes Yoga. Sie öffnet das Tor zu den Sinnen und stimuliert uns bis in die Wurzeln zu unaufhörlicher Schaffenskraft.

Die Meister weisen dem Tastsinn den ersten Rang zu. Ihnen zufolge findet ein menschliches Wesen ganz natürlich zu seiner Einheit, sobald es tief berührt wird, mit anderen Worten, sobald ein Streicheln nicht nur sexuelle Zwecke verfolgt – kurz: Wenn es vollkommen absichtslos ist. Eine Berührung dieser Art wird erst in einem gewissen Stand der

Gnade möglich, denn dem solcherart Berührten vermittelt sie ein Gefühl seines kosmischen Wesens. In vielen Gedichten wird die Berührung durch den Meister besungen, da sie, jeglicher Projektion ledig, im Betroffenen das herrliche Gefühl der Ungebundenheit wiederherstellt.

Um den anderen auf diese Art und Weise berühren zu können, braucht man einfach nur „der andere zu sein“. Um der andere sein zu können, muss man in einem Zustand der Ungespaltenheit leben. Auf diese Weise berührt worden zu sein, schenkt dem Körper sein heiliges Schaudern zurück und sensibilisiert ihn – manchmal bis zur Unerträglichkeit – für alle routinemäßigen Berührungen seitens eines abwesenden Gegenübers. Von dem Augenblick an besteht der Körper darauf, dass man sich ihm mit Ehrfurcht und authentischer Achtsamkeit nahe.

- Sobald ich aufwache, mache ich mir meine Haut bewusst, diese zarte Membrane, die mich umschließt. Was nimmt meine Haut im Einzelnen wahr? Wärme? Wohlbefinden? Entspanntheit?

- Ich stehe auf; die Temperatur verändert sich. Wie reagiert meine Haut? Ich durchquere das Zimmer und spüre meine Füße den Fußboden berühren. Meine Hand umfasst eine Klinke, ich öffne eine Tür: Ich bin lebendig!

- Ich habe mein Frühstück zubereitet. Ich befühle die Einzelteile – ihre verschiedenen Oberflächen, ihre jeweilige Temperatur. Brot, Messer, gefüllte Tasse, usw.

- Ich nehme eine Dusche; jetzt wird meine ganze Haut von den heißen Wasserstrahlen berührt. Bin ich dabei abwesend, hält sich die Befriedigung in Grenzen, bleibt es reine Routine. Bin ich dagegen präsent, saugt sich mein ganzer Körper voll mit Leben: Wie tief mich diese wunderbaren Empfindungen sättigen – zu spüren, wie die Wassertropfen auf meine Haut prallen!

• Den ganzen Tag über wechselt meine Haut ihr Umfeld, stellt sie sich auf lauter neue Reize ein. Dieses ständig vor sich hin plätschernde Leben – das ist gemeint mit „in Yoga und Bewusstheit leben". Mich all dem zu öffnen – das heißt hier üben, heißt, mein Lebendigsein mit Haut und Haar akzeptieren, heißt, aus jeglicher Routine aussteigen, die mir keinerlei Befriedigung bringt.

Einfache Freuden genießen lernen heißt, sich Schritt für Schritt die Sucht nach all den extremen Reizen abzugewöhnen, ohne die wir schon gar nicht mehr aus unserer Empfindungsstarre erwachen können. Je mehr sich der Körper vom Weltlichen verabschiedet hat, desto mehr Intensität bedürfen, ja fordern wir, um unsere Verspanntheit zu entladen. Diese Abwesenheit kulminiert in all den sadomasochistischen Praktiken, die heutzutage unseren im Stich gelassenen Körper noch zum Erschauern bringen sollen.

Eine Yogini oder ein Yogi versteht es, den gesamten menschlichen Sinneskomplex beständig erschauern zu lassen. Erst dann hält die Befriedigung an, geht sie tief und mündet in ununterbrochener Freude.

Durch die verschiedenen Temperaturen, Kontakte, Körper, denen ich mich nähere bzw. entferne, liefert mir meine Haut unzählige wichtige Informationen, diese gestatten es mir, meine Kommunikation selber auszusuchen.

Wenn wir präsent sind, machen wir u.a. die große Entdeckung, dass wir uns vollkommen auf unseren Körper verlassen können: Er weiß Bescheid! Er hat die fantastische Fähigkeit, uns in den meisten Fällen, in denen von uns eine Entscheidung verlangt wird sofort eine Antwort zu liefern. Leider aber wissen wir seine Fähigkeit nicht genügend zu schätzen und hören lieber auf unsere Überlegungen, die sich einmischen und uns oft genug dazu drängen, eine Entscheidung gegen den Körper zu treffen. Hinterher, wenn der Schlamassel da ist, sagen wir dann oft: „Ich hab's ja gewusst!" Mit anderen Worten: Mein Körper hat's gewusst. Je mehr wir lernen uns total unserem Körper anzuvertrauen, desto mehr werden wir entdecken, dass er uns ganz von selber zu einer fröhlichen Spontaneität hinführt.

Jeder Tag, den wir bewusst unserem Atem und unserem Tastsinn widmen, bringt uns der Erfüllung und tiefen Befriedigung unserer Sehnsüchte einen Schritt näher, je nach dem wie tief diese Bewusstheit geht.

6

Das Herz der Wirklichkeit

Oft passiert es uns – ich selber habe eine regelrechte Kunst daraus gemacht –, dass wir einem spirituellen Weg folgen, ohne dass sich dies auf unser Alltagsleben auswirkt. Wir sind interessiert, wir lauschen irgendwelchen Lehren und nennen uns Anhänger von Buddhismus, Tantra, Vedanta, Sufismus, was auch immer. Diese einfache Veränderung beruhigt uns zwar aufs Angenehmste, findet aber keinerlei Niederschlag in unserem Alltag.

So folgen wir dem von uns gewählten spirituellen Pfad, entdecken seine Geheimnisse und erleben schöne Augenblicke voller Tiefe in der Gesellschaft Gleichgesinnter oder in der Nähe unseres Meisters. Wir lesen leidenschaftlich, lernen eine neue Philosophie kennen und nehmen uns täglich Zeit für Meditation und andere Übungen. Ein kleiner Altar mit einer hübschen Shiva- oder Buddhastatue sowie eine Fotografie unseres Meisters erinnern uns beständig an unser neues Leben. Täglich bringen wir Blumen und Weihrauch dar – ohne dass sich unser Alltag wirklich verändert.

Diese Gespaltenheit rührt daher, dass wir da einer spirituellen Fantasie aufsitzen, sie mag noch so feinsinnig sein, aber nie lassen wir uns rückhaltlos auf die entsprechende Suche ein. Und dann wundern wir uns, dass wir immer noch so reagieren wie eh und je, dass unseren Handlungen keine Spur von Meditation anzumerken ist, dass unsere Gelübde und all die gestrengen Regeln, die wir einhalten, nur Sicherheitsnetze und keine Instrumente zur Transformation sind.

Im Grunde *wollen* wir nämlich gar nicht mit unserer tieferen Wirklichkeit in Kontakt treten; da ist es bequemer, sich eine Insel der Andacht einzurichten, auf die man sich jederzeit zurückziehen kann.

Die kaschmirischen Meister haben sehr wohl verstanden, welche Folgen diese Art der Realitätsflucht für die Suche hat. Sie haben diesen Trick über Jahrtausende hin genau studiert und einen ebenso einfachen wie raffinierten Weg gefunden, wie ihm beizukommen ist. Nämlich den, dem Sucher einfach den Gesamtkomplex seiner eigenen Alltagswirklichkeit zum Experimentierfeld für seine Übungen zu erklären – inmitten der Gesellschaft und ohne sich von irgendetwas abzukehren oder zu trennen: Möge sich doch sein Bewusstsein in seiner gesamten Lebensführung zeigen.

Tag für Tag hat mich Devi, meine Meisterin, ein boshaftes Funkeln im Blick, gefragt, ob meine Übungen zu irgendwelchen Veränderungen meines Alltagsverhaltens führten. Was sie dabei im Schilde führte, war einfach nur mein Gespür dafür zu schärfen, ob ich mir tatsächlich von der Sekunde meines Erwachens bis zur Sekunde meines Einschlafens alles vergegenwärtigte – die Art wie ich ging, wie ich atmete –, kurz, ob ich jeden Augenblick meines Lebens da war – präsent für die Harmonie jeder Berührung, jeder Gebärde, jeder Empfindung, jeden Gefühls und jeden Gedankens. Denn für sie war es dies, das Gesamtfeld der Realität, das es vom Bewusstsein zu durchtränken galt.

Für die Dauer meines Aufenthalts bei ihr, vom ersten Augenblick an, wies mich Devi jedes Mal darauf hin, wenn ich für die Welt nicht präsent war – auf jede brüske Geste, jede Automatik. Ihr ganzes Lehren drehte sich um eine entspannte Offenheit für die Welt. Wenn sie philosophische Themen anschnitt, kehrte sie immer wieder vom Reich der Vorstellungen zu den Realitäten des Lebens und zur Notwendigkeit ständigen Übens zurück.

Für Devi muss ein Mensch, der zur Spiritualität finden möchte, jemand sein, der allen Bewegungen, die ihn mit der Welt verbinden, unentwegt freien Lauf lässt, sowohl auf der inneren Ebene der Empfindungen, Gefühle und Gedanken, als auch auf der Ebene des Handelns. Sie sagte, ein einziger Augenblick vollkommener Präsenz wiege die Lektüre aller Traktate, aller Dichter, aller Philosophen auf. Devi war eine große *Sahajiya*, eine vollkommen Erwachte, ein spontan lebendes Wesen.

Anfangs ging mir diese Beharrlichkeit gegen den Strich, denn sie riss damit meinen spirituellen Traum in Stücke. Ich kam mir etwa so vor wie ein Paralytiker – ein Mensch mit fahrigen Bewegungen, dessen Automatik so tief saß, dass er nur ab und zu frei davon war. Da ich keine Möglichkeit hatte mich der Gegenwart Devis physisch zu entziehen, Tag und Nacht mit ihr zusammen war, blieb mir kein anderer Fluchtweg als eben diese beständige Bewusstmachung.

Ich hätte lieber ein Ritual praktiziert oder ein Mantra

intoniert, mich auf Diagramme konzentriert, Niederwerfungen gemacht oder stundenlang meditiert, so wie ich es in Thailand getan hatte, als ich Vipassana praktizierte. Aber Devi sah ihre Aufgabe nicht darin, mir zu geben, was ich gern hätte, sondern darin, mir zu meiner Befreiung zu verhelfen – und zwar im Rahmen des täglichen Einerleis. Und genau das erwies sich als die Offenbarung meines Lebens. Man konnte sich einfach an kein anderes Ritual klammern als zu atmen, zu gehen, sich in den eisigen Fluten des Wasserfalls zu duschen, den Erdboden zu betrachten, das Moos, die Bäume, die Blätter, die gewöhnlichen Gegenstände, kurz: zutiefst mit dem Leben, der Wirklichkeit, Tuchfühlung aufzunehmen. „Bleibe ganz und gar bei der Wirklichkeit, mit deinem innersten Sein. Es gibt nichts anderes zu suchen!“, sagte sie.

An diesem Weg ist auf den ersten Blick – und das ist gerade das Einmalige – überhaupt nichts Exotisches, Magisches, Außerordentliches dran. Nichts Spektakuläres, Aufregendes, jedenfalls was die äußere Energie betrifft – aber was für ein innerer Aufruhr! Auf alles und jedes gilt es sich einzustimmen und so wird in Kaschmir, einem Land wo Musik großgeschrieben wird, eine Yogini oder ein Yogi gern mit einer *Sarangi* verglichen, einem Saiteninstrument, das auf Grund seiner zahlreichen mitschwingenden Saiten besonders feine und langsam verebbende Akkorde erzeugt.

Wie hatte ich es geliebt, jeden Abend beim Ertönen der tibetischen Musik zu erschauern, damals in Sonada, im Kloster von Kalu Rinpoché. Mein Meister und all die anderen, denen ich dank ihm begegnet war, hatten mich in Ekstase versetzt. Die Übungen, die zugleich begeisterte und doch entspannte tibetische Atmosphäre hatten mich in Schwingung versetzt… Bei Devi dagegen passierte gar nichts. Wir holten Wasser, wir bereiteten unsere kargen Mahlzeiten zu, wir saßen schweigend da, sie gab mir Unterweisungen, wir gingen spazieren, genossen die Sonne, wir vergnügten uns, völlig entspannt, aber vollkommen präsent.

Ich versuchte ganz einfach ans Leben zu rühren, unter den forschenden, großherzigen und bohrenden Augen dieser Frau, die mir vorkam wie ein Dufthauch, wie ein unverrückbarer Fels, wie ein sprunghafter Wasserlauf, der sich Sekunde für Sekunde durch die Schleifen der Wirklichkeit windet, und dann plötzlich wieder wie eine Springflut, die mit aller Gewalt über mich hereinbrach. Die kleinsten Dinge konnten sie ins Staunen versetzten. Ihre Ekstase fand durch die kleinste Veränderung in den Dingen neue Nahrung. Sie kannte keinerlei Absichten, einfach nur dieses sofortige und unweigerliche Vergnügen zu jeder Sekunde. Im Vergleich zu ihr kam ich mir, trotz meiner an sich sinnlichen Natur, wie abgeschnitten von der Welt vor. Ihre unveränderliche Freude, ihre glänzenden Augen, ihr ständiges Erschauern erweckten den Eindruck, als befände sie sich mit den winzigsten Partikeln des Universums im Liebesakt.

Nach und nach gelang es ihr mich in dieses Yoga der Präsenz einzuweihen – ein Yoga ohne Stellungen, das aus der Bewusstheit hervorgeht.

Für den Tantriker liegt der Ursprung der Bewusstheit nicht im Tun, sondern ergibt sich alles Tun im Gegenteil erst aus der Bewusstheit. Also „greifen" unsere Sinne nicht etwa nach einem äußeren Ding, um es nach innen zu ziehen – zu dem hin, der wahrnimmt. Vielmehr taucht das Bewusstsein einfach auf, berührt die Welt und führt somit alles Manifestierte wieder zu seinem Ursprung zurück.

Hier ist die Erklärung dafür zu suchen, warum die Tantriker der verschiedenen Schulen, die Praktizierenden des *Dzogchen*, des *Mahamudra* und des *Chan* so sehr darauf bestehen, hier und jetzt für die Wirklichkeit anwesend zu sein. Andernfalls gibt es kein Bewusstsein und ohne Bewusstsein fruchtet auch keine Praxis.

7

Die Quelle des Bewusstseins

All diesen Lehren liegt folgende ganz einfache Annahme zu Grunde: Es gibt nichts anderes als das Bewusstsein und all die verschiedenen Yogas sind keine Mittel, zu diesem Bewusstsein vorzustoßen. Abhinavagupta, der große tantrische Philosoph des zehnten Jahrhunderts und einer der größten Denker Indiens überhaupt, sagt in seinem Monumentalwerk *Tantraloka* d.h. „Licht auf die Tantras": „Alle Vorschriften, alle Verbote, all die Yogas, die sich auf Atemkontrolle oder dergleichen stützen, all dies ist Machwerk."[9]

Indem sie sich von den verschiedenen Arten des Yoga befreiten, wollten die tantrischen Meister auf das einzig existierende Bewusstsein hinweisen; und die einfachste und direkteste Methode, um das Bewusstsein dauerhaft zum Vorschein zu bringen, besteht in der Achtsamkeit für die Wirklichkeit. Einzig die Vernunft ist zulässig; da sie „eine umfassende Bewusstwerdung von großer Genauigkeit gestattet, welche im gleichen Maße wächst, wie sie tiefer geht“, heißt es weiter im Abhinavagupta-Text.

Wie man sieht, fühlt sich der Tantriker durch seine ständige Berufung auf den Ursprung des Seins von jeglicher Befolgung moralischer oder ethischer Vorschriften entbunden. Der Tantriker verweigert sich jedem Verbot, jeder äußerlichen und fortschrittsorientierten Art von Suche – alle rituellen Formen, Glaubenssätze oder Dogmen stören da nur – ja selbst jede Metaphysik, es sei denn, sie hat unmittelbaren praktischen Belang. Das war auch für Buddha eine seiner grundlegenden Unterweisungen: Auf Fragen dieser Art ließ er sich gar nicht erst ein.

Keine Rede also von einem Transzendieren oder einer Läuterung. Reinheit ist für die Meister all das Tun, das mit Bewusstheit geschieht, und Unreinheit alles Tun, das automatisch und ohne Präsenz geschieht. Bewusstheit ersetzt alles andere. Ohne sie gibt es keine Spiritualität.

Um eine tiefe Bewusstheit zu erlangen, kommen wir nicht umhin, unser Instrument, den Körper, richtig zu stimmen. Und an diesem Punkt kommt die gesamte Sinnlichkeit ins Spiel. Was ist ein Körper wert, dessen wunderbare Funktionen lahm liegen? Wie könnte sich Bewusstsein entfalten, das – in eine starre Form gepresst –, sich nicht nach seiner natürlichen Geschmeidigkeit hin entwickelt?

Die erste Etappe besteht also darin, diese Funktionen wieder herzustellen, unsere Lebensfreude, den unentwegt staunenden Blick des Kindes auf seine Umwelt wieder zu finden. Leuchtet es da nicht ein, dass dies nur mit Hilfe einer bedinungslosen Akzeptanz geschehen kann – dass wir uns also annehmen müssen, so wie wir tatsächlich sind. Eine solche Arbeit wird unmöglich, wenn wir uns für jemand anders halten, wenn wir uns idealisieren, wenn wir, sobald wir Bereiche in uns entdecken, die sich nicht für diesen Weg schicken, einen Teil unserer Persönlichkeit einfach ausradieren.

Dieses Akzeptieren seiner selbst ist eine sehr heikle Sache. Es setzt voraus, dass wir tief in unsere Dunkelzonen eintauchen und noch bis in die finstersten Ecken in uns vordringen müssen, bis hin zu unseren geheimen Quellen. Nur wer sich in seiner Ganzheit auf den Weg macht, dem bleibt es später erspart sich an all den Dingen zu stoßen, die er angeblich wegoperiert hatte – die aber im Dunklen erst recht zu Kräften gekommen sind. Genau das, was wir uns einbilden hinter uns gelassen zu haben, um uns künstlich in ein System zu zwängen, wird uns am Ende im Wege stehen.

Dieser Schritt stellt die Willensfreiheit wieder her, denn danach gibt es keine Unterwerfung mehr unter eine religiöse Instanz oder einen ihrer Stellvertreter, gibt es niemand mehr, der uns die Offenbarung bringen oder als Mittler dienen könnte zwischen den Gottesreichen, die uns angeblich fehlen, und unserem Durst nach Erfüllung. Dabei erbebt unser Inneres bereits davon und wir haben alle Mittel zur Hand, sie uns zu erschließen. Wir selbst sind die Gottheit, sind der Tempel, sind der Anbeter. Das Bewusstsein ist in seiner ganzen Fülle und Makellosigkeit seit jeher in uns vorhanden gewesen; nichts und niemand kann es uns geben oder ihm etwas von seinem Funkeln nehmen.

Es geht also jetzt nicht mehr darum, unsere Sinne, Begierden und Leidenschaften loszuwerden, sondern vielmehr darum, diese feurigen Streitrösser in voller Bewusstheit zu besteigen, damit sie uns schnellstens zu unserer kontinuierlichen Präsenz in der Welt tragen.

Diese umfassende Vorstellung von der tiefen Würde des

menschlichen Wesens ist oft missverstanden worden. Manche Menschen verstehen darunter die Erlaubnis zu einem ausschweifenden Leben; doch dadurch, dass sie sich ihren egoistischen Neigungen hingeben, werden sie nur noch fester an Leid und innere Abwesenheit gebunden. Es ist ein Wettkampf zwischen Triebhaftigkeit und Spontaneität. Triebhaftigkeit ist brutal und destruktiv, denn sie sieht weder den anderen noch die Welt. Das Spontane ist voller Anmut, denn es wird unmittelbar aus unserer Bewusstheit der uns umgebenden Wirklichkeit geboren.

„Unsere Begierden sind machtlos, sofern sie nicht aus der pulsierenden Wirklichkeit schöpfen. Es stimmt, dass man ohne Begierde nichts verwirklichen kann, aber erst muss man sie in die belebende Kraft des *Spanda* (Pulsieren) tauchen. So stecke man denn seine ganze Energie in eine einzige Begierde, gehe bis auf den Grund seiner Lebenskraft und kehre zur göttlichen Energie der Begierde zurück.“ [10]

„Der Körper verleiht augenblicklich Vollkommenheit, d.h. die Gewissheit über das wahre Wesen der Dinge (...) sofern er in Berührung ist mit der Macht des Selbst“, sagt Abhinavagupta.

Aber wie geht das an – zu begehren, ohne zu leiden? Wie soll man sich der Leidenschaft überlassen, ohne zerstört zu werden? Warum wird von praktisch allen spirituellen Wegen die Sinnlichkeit, die Begierde und die Leidenschaft geächtet? Warum leugnen sie einen Teil des menschlichen Potenzials um zur Glückseligkeit zu gelangen? Was soll das für eine Glückseligkeit sein, die nicht das gesamte Wesen des Menschen einbezieht?

Auch hier haben die tantrischen Meister wieder mit den Vorurteilen aufgeräumt. Mit wachen Sinnen und voller Bewusstheit haben sie all die plötzlichen Erregungszustände beobachtet, die einen Menschen ergreifen können. Anstatt diese lebendigen Kräfte zu verneinen, haben sie einfach das ignoriert, was wir Menschen über unsere Leidenschaften zu wissen vorgaben, und haben diese direkt und mit totaler Aufmerksamkeit geprüft.

Und auf diese Art und Weise sind sie – im Laufe der Jahrtausende, in denen der Tantrismus nun schon überliefert wird – zu ganz erstaunlichen und radikal umwälzenden Schlüssen gelangt, was unsere Sinnlichkeit, Begierden und Leidenschaften betrifft.

8

Die Welt auskosten

Im gleichen Maße, wie wir uns auf unsere Atmung einstellen und sich unser Tastsinn entwickelt, entdecken wir auch, dass der Geschmack der Welt immer vielfältiger wird. Sensibel registriert unsere Zunge das kleinste Element, das mit ihr in Berührung kommt, und diese Wahrnehmung wiederum ist engstens mit unserm Geruchssinn verknüpft.

Das tantrische Yoga empfiehlt nun, unser Verlangen von einer ganz anderen Warte her zu betrachten, um noch besser wahrnehmen und auskosten zu können. Trinke ich z.B. ein Glas Wasser und stelle mir dabei vor, das Wasser begehre mich, werden wir eine Erfahrung von Bewusstheit machen. Plötzlich bemerke ich, wie es mich bis in jede Faser durchdringt! Alles was wir schmecken, bringt uns somit zur grundlegenden Erfahrung, mit allem Existierenden eins zu sein.

Eine Strophe des *Vijnanabhairava Tantra* beschreibt dies so: „Wenn du die Wirkung feinster Speisen und Getränke verspürst – nämlich Euphorie und Ausdehnung –, dann geh ganz in diesem Genuss auf. In ihm hast du den Vorgeschmack der höchsten Glückseligkeit."

Dies beständige Achten darauf, wie alles schmeckt, führt uns zur direkten Erfahrung des Göttlichen und zwar auf dem Wege der völligen Bewusstmachung. Diese hebt alle Distanz zwischen uns und der Welt auf und sorgt dafür, dass wir von Augenblick zu Augenblick aktiv am Leben teilhaben.

- Ich mache mir alles bewusst, was mit meiner Zunge, meinem Gaumen, meinem Mund in Berührung kommt. Ich will wissen, wie alle Dinge und Wesen sich anfühlen und schmecken.

- Meine Lippen und meine Zunge gehören zu meinen empfindlichsten Körperzonen. Ich setze sie ganz bewusst dazu ein, die Welt zu berühren. Ich spiele damit wie ein Kind und stecke mir alles in den Mund, was mich reizt; damit wecke ich ganz vergessene Geschmackserinnerungen.

- Ich gestatte meinem Körper durch köstliche Speisen in Schwingung zu geraten.

- Ich nutze eine gemeinsame Mahlzeit dazu, all meine Sinne für die Präsenz meines Gegenübers zu öffnen.

9

Die Begierde und ihr Objekt

Das Verlangen gehört zu unseren Vitalkräften. Es leugnen oder beschneiden zu wollen heißt, sich einer kapitalen Kraftquelle berauben, heißt, sich zum Austrocknen verdammen – Kennzeichen so vieler religiöser Menschen. Religiös sein bedeutet „Rückbindung zu haben". Gäbe es ein besseres Band als die Begierde? Die kaschmirischen Meister wussten um diese Macht; und so haben sie denn auch nicht die Begierde an sich infrage gestellt – die ist unverzichtbar –, sondern das Band, das die Begierde an ihr Objekt fesselt.

Wenn alles vom Bewusstsein ausgeht, hat keine Bewegung mehr Wert als eine andere. Gott zu begehren ist ebenso gut eine Begierde wie das Begehren sich vom Begehren freizumachen. Es ist also ein Widerspruch in sich, einem spirituellen oder mystischen Weg folgen zu wollen, indem man das

Begehren abtötet. Für die Tantriker ist das Begehren das Merkmal der grenzenlosen Schöpferkraft unseres Bewusstseins. Beschneidet man sie, beschneidet man unser Bewusstsein, raubt ihm einen wesentlichen Bestandteil.

In einer Strophe des *Vijnanabhairava Tantra*[11], einem der ältesten Tantratexte überhaupt und Quelle aller Yogas ohne *Asanas* (bestimmte Körperstellungen), kommt die Erstrangigkeit des Begehrens zum Ausdruck: „Die Begierde existiert in dir wie in allen Dingen. Werde gewahr, dass sie ebenso in den Dingen wie in allem zu finden ist, was unser Geist begreifen kann. Hast du einmal die Allgegenwart der Begierde entdeckt, dann dringe ein in ihren leuchtenden Raum."

Für die Tantriker ist die Begierde das, „was die Welt im Innersten zusammenhält". Um sie nicht unterdrücken zu müssen, haben sie sie in ihrer absoluten Form untersucht und die Frage gestellt: Worauf richtet sie sich wirklich? Wir meinen immer, und das entspricht im Allgemeinen ja auch unserer fragmentarischen Welterfahrung, dass wir etwas zu besitzen begehren, seien es Menschen oder Dinge. Und auf diese Art durchstreifen wir die Welt wie ein Raubtier, das alles reißt, auf was sich seine Begierde richtet. Doch wird uns nach einiger Zeit klar, dass wir unbefriedigt bleiben, während uns die Mechanik der reißenden Begierde pausenlos antreibt, noch mehr Objekte zu begehren – in einer nicht enden wollende Suche, die zwangsläufig in der Frustration mündet.

„Wie, wenn es der Begierde ja um etwas ganz Anderes geht als um ihre Objekte?", so fragten sich damals die tantrischen Meister, „wenn die Begierde schlechterdings nur die Glut wäre, die uns das Gefühl der Lebendigkeit gäbe, ein Intensität, ein Pulsieren, das uns trägt? Dann wäre es ja absurd, sie von ihren Objekten aufzehren zu lassen und sie zu verlieren, gleichgültig, ob wir unseres Wunschobjekts habhaft werden können oder nicht."

Diese tiefe Bewegung ist das Leben selbst! Und es ist genau dieses Pulsieren, das die Yoginis und Yogis erleben, wenn sie ganz beim Feuer der Begierde bleiben, ohne sich von ihrem Objekt in den Bann schlagen zu lassen. Dadurch werden die Objekte als das angesehen, was die Glut weiter glühen lässt und nicht als das, was sie löscht.

Es gibt in der tantrischen Disziplin (*Sadhana*) eine spezifische Praxis, die mit der oben zitierten Strophe zusammenhängt, wo der Yogi oder die Yogini die Welt als Begierde erfährt. Alles verzehrt sich nach dem Tantriker – das fallende Blatt, der Himmel, der Schnee, das Wasser, das er trinkt, seine Nahrung. Auf die Art und Weise erfährt er eine extrem verfeinerte Beziehung zu den Dingen. Eine Tasse Tee, die mich begehrt, fasse ich anders an als gewöhnlich, ich sehe einen Baum, der mich begehrt anders als sonst; denn jeder Kontakt mit der Wirklichkeit gerät nun zu einer Feier der Allgegenwart des Begehrens. Von nun an gibt es keine Fixierung mehr auf einen einzigen Gegenstand.

„Ein einziges Wesen, das dir fehlt – und die ganze Welt ist entvölkert!" Dieser Vers von Lamartine beschreibt sehr schön dieses Abhandenkommen für die Welt, in dem uns das verzehrende Begehren nach einem einzigen Menschen oder einer einzigen Sache dermaßen aus denm Gleichgewicht bringt, dass wir nichts anderes mehr wahrnehmen können.

Das Einzige, was uns daran hindert, permanent zufrieden zu sein, ist der Umstand, dass wir unser Begehren immer eindämmen, statt ihm zu gestatten die Gesamtheit aller Dinge einzubeziehen. Ein eingedämmtes Begehren blockiert den Strom des Bewusstseins, der Empfindungen, Gedanken und Gefühle. Wenn ein Einzelobjekt unsere gesamte Aufmerksamkeit an sich reißt und wenn unser Wesen in einer Art von Zuspitzung nur noch einem zustrebt, findet in uns keine Bewegung mehr statt. Die Folge ist Leid.

Wenn unser Begehren andererseits den gesamten Raum füllt, bleibt ein fehlendes Objekt vollkommen unbemerkt, da der Strom unserer Aufmerksamkeit nach wie vor die Freiheit hat, sich stattdessen tausend anderen zuzuwenden.

Und auf die Art und Weise leben die Tantriker: In ständiger Präsenz für die gesamte Wirklichkeit. Dann wird ihr Durst ununterbrochen durch die grenzenlose Vielfalt der Welt gestillt. Von nun an brauchen sie nicht mehr nach allem zu greifen, nichts mehr zu ersticken, sie lassen alles los. So pflegen sie einen dermaßen reichen Umgang mit der Welt, dass sich niemals Mangel, Frustration oder Einsamkeit einstellen kann.

Was die Augen der Tantriker so leuchten lässt, ist die Glut der Begierde, welche sich aus ihrem eigenen unlöschbaren Feuer nährt, und sie so unsterblich verliebt in die Wirklichkeit macht, so lebendig, so pulsierend, obwohl sie doch gar nichts oder so gut wie nichts verbrauchen.

Im Zusammensein mit Devi habe ich erkannt, dass alles in ihr ein Begehren war, das sich auf alles erstreckte, was es nur gab, während mein eigenes seine Zeit damit vertrödelte und sich darin erschöpfte, dass es sich mal auf dieses, mal auf jenes Objekt stürzte und von allem übrigen überhaupt nichts wissen wollte. Für uns stellt alles Bewusstsein dar und führt alles, was sich manifestiert, pausenlos wieder zum Bewusstsein zurück. Unsere Sinne werden dabei zu einer wunderbaren Palette, die wir der Welt hinhalten: Sie kommt und drückt tausend Farben darauf, auf dass uns die Wirklichkeit ununterbrochen zurückführe zu uns selbst – in einem ewig strömenden, ungebundenen Taumel der Liebe.

10

Die oberste Wirklichkeit

Es gibt keine getrennten Welten. Das Absolute ist im innersten Herz der Wirklichkeit angesiedelt. Alles pulsiert, alles ist wirklich. Wir halten die Welt der Erscheinungen nicht für illusorisch und mit dieser Vorstellung von der Wirklichkeit der Welt als Bewusstsein ohne eine separate andere Wirklichkeit, nähern wir uns sehr dem *Chan*-Buddhismus. Alles hängt zusammen, alles ist zugleich Bild und Abbild.

Indem wir vom Selbst gesprochen haben, sind wir in die Nähe bestimmter buddhistischer Schulen gerückt wie z.B. des *Yogacara* des Asanga, der vom *Großen Selbst* spricht. Überdies bedeutet Tantrikern zufolge einer der Namen Shivas „die Große Leere" oder „der Große Raum", der die Gesamtheit der Welt, aller Formen, Gedanken und Gefühle enthalte – ähnlich der „Leere" bestimmter historischer Meister des

Buddhismus: „*Maha* bedeutet groß und groß bezeichnet die Unermesslichkeit des Geistes, so riesig wie die Leere des Alls. Aber man bleibe nicht bei der Leere stehen: Nur durch einen Sturz ins Nichts kann man sich der Leere angleichen. Die Leere des Weltraums vermag die Sonne, den Mond, die Sterne zu enthalten und die große Erde mit all ihren Bergen und Flüssen, all ihren Baum- und Pflanzensorten, mit guten wie bösen Menschen, guten wie bösen Dingen, mit Paradiesen und Höllen: All dieses befindet sich in der Leere", heißt es beim sechsten Patriarchen des *Chan*.[12]

Was aber ist dieses Etwas, das die Entfaltung unserer Sinne im Feuer der Begierde behindert und uns die Wirklichkeit unaufhörlich mal als Genuss, mal als Leid erfahren lässt? Welche Störfaktoren hindern uns daran, uns ständig des Begehrens bewusst zu bleiben und es auszukosten?

Auch hier wieder dringen die kaschmirischen Meister ganz bis zur Quelle, zum Bewusstsein vor. Wir haben die Möglichkeit die Wirklichkeit der Welt unmittelbar zu leben, ohne dass uns der Verstandesapparat pausenlos dazwischenfunkt und uns diesen Genuss verdirbt, indem er seine Kommentare und Urteile abgibt und damit alles zerbröselt.

Zu dieser reinen Achtsamkeit, durch die unsere Empfindungen, Gefühle und Gedanken davor bewahrt werden, sich in uns zu verfestigen, gelangen wir im Verlaufe von Kontemplation oder Meditation. Alles beginnt damit, das zu untersuchen, was *ist* – mit anderen Worten: unsere Umnebelung, unsere Unfähigkeit alles hier und jetzt wahrzunehmen. Das Innewerden der eigenen Unruhe ist der erste Schritt zum Frieden. Was nicht heißt, dass wir versuchen uns zu ändern, also ein anderes Verhalten herbeizuführen, sondern wir lenken einzig und allein unsere Aufmerksamkeit auf das, was da tatsächlich in uns geschieht. Wir werden merken, dass allein schon dieses Gewärtig-Sein genügt, um auf alles zu stoßen, was den Fluss unseres Lebens behindert.

In diesem Frieden und dieser Stille erst können wir nämlich unsere tatsächlich vorhandene Wirklichkeit klar erkennen – eben dass wir umnebelt und verwirrt sind. Und wir begreifen, dass diese Umnebelung von der Dynamik unseres aufgeregten Verstandes herrührt, der ununterbrochen urteilt, klassifiziert, akzeptiert, ablehnt, sich auf der Flucht befindet oder bestrebt ist, der Situation Herr zu werden.

Eine ruhige Aufmerksamkeit bringt uns mit einer ganz anders gearteten Wirklichkeit in Berührung. Unser Körper hat die unbegrenzte Fähigkeit, sich seiner Umwelt mit außergewöhnlicher Präzision, Geschmeidigkeit und Spontaneität anzupassen, sobald wir aufhören ihn durch unser Denken daran zu hindern – denn das orientiert sich immer am Zweifel, an den Augen anderer, an Schuldgefühlen und der tief sitzenden Angst davor, gar nichts zu sein.

„Wie könnte es ohne den Körper Glückseligkeit geben? Man könnte nicht einmal davon reden. Die Welt ist durch und durch von Glückseligkeit durchdrungen, so wie diese von der Welt durchdrungen ist. Ich bin die Welt und die Dinge dieser Welt. Mein eigentliches Wesen ist spontane Glückseligkeit. Die Glückseligkeit ist mit dem Göttlichen identisch, denn das eine kann ohne das andere nicht existieren", heißt es im *Hevajra Tantra.*[13]

Wenn jeder Gedanke an körperliche Verschmutzung *ad acta* gelegt ist, stellt sich diese Glückseligkeit ein. Shiva erklärt: „O Devi, viele betrachten den Körper als ein Sammelsurium von Unreinheiten – Keime, Würmer, Exkremente, Urin, Magensäfte, Blut, Fleisch, Haut und vieles andere mehr. Daher ekeln sie sich davor, dem Guru einen solchen Körper hinzugeben. Von diesem Gedanken eingenommen, können sie keinerlei Opfer darbringen. Das ist nicht die rechte Einstellung. Der Körper, in dem der Guru und das Selbst zu Hause sind, muss als außerordentlich rein erachtet werden. Keinerlei Ekel vor Unreinheit darf die Darbringung des Körpers trüben.

Zweiundsiebzigtausend Kanäle
Durchlaufen die fünf Hüllen;
Genau dort wohnt für immer das Selbst.
Für den Weisen, Muktananda,
Ist dies der Tempel des Herrn."[14]

11

Nackte Aufmerksamkeit

Das Ego steht vor allem für eines: Abgeschnittenheit. Jede Begierde, die sich nicht in Richtung Ego entwickelt, mündet spontan im Bewusstsein. Somit wird genau das, was die vom Ego geprägten Menschen als Fessel erfahren, für den Tantriker zur Befreiung und aus Begierde wird reine Liebe. Dann steht ihr nichts mehr im Wege. Wenn es uns gelingt hellwach bis in unsere tiefsten Tiefen hinabzutauchen, sehen wir klar und deutlich, dass es überhaupt kein Ego gibt, dass es keine Unterschiede gibt und somit auch keine Dualität. Dann ist sofort alle Angst verschwunden und wir lernen endlich, jedenfalls momentweise, den Zustand des *Sahajiya* kennen, als den sich die Tantriker, egal ob sie Shiva oder Buddha folgen, selber definieren: nämlich als spontan erwachten Sucher.

Chinul, der koreanische *Chan*-Großmeister des zwölften

Jahrhunderts, liefert uns in seiner Abhandlung „Die Geheimnisse der Geistespflege“ folgende großartige Beschreibung dieser Freiheit: „Somit erfordert die Regel der anhaltenden Konzentration bei gleichzeitigem Durchdringen bzw. Tiefblick von den Suchern keine Anstrengung, es passiert vielmehr spontan und natürlich, ohne zusätzlichen Zeitaufwand. Ob sie schauen oder lauschen – so sind sie einfach; sich ankleiden oder essen – so sind sie einfach; Stuhlgang haben oder urinieren – so sind sie einfach; sich mit anderen unterhalten – so sind sie einfach. Egal was sie tun, ob sie gehen, stehen, sitzen, schlafen, reden, ob sie schweigsam oder voll Freude oder Wut sind, zu jeder Zeit und in allem Tun, sind sie einfach so: Gleich den Lichtspuren, die auf den Wellen tanzen, sich mit heben und senken, gleich einem Fluss, der sich mal zwischen Bergen durchschlängelt und den Formen der Landschaft anschmiegt, mal schnurstracks geradeaus fließt, gehen sie – ohne weiter auf Gemütszustände zu achten, gehen sie mit der Natur mit, fügen sie sich, ohne still zu stehen oder das Gute und das Böse zu unterstützen, einfach und direkt, ohne Schnörkel, mit ihrer ganz normalen Wahrnehmung, quicklebendig ohne Widerstand und ungebunden in alle Situationen.“ [15]

Für die Tantriker besteht sogar das Ego im Kern nur aus Bewusstsein. Sobald es sich ein wenig entspannt, wird sein ursprüngliches absolutes Wesen freigesetzt. Man braucht also ebenso wenig dem Menschen das Ego wie irgendetwas sonst wegzuoperieren; es genügt, wenn er sein ursprüngliches, unbeflecktes und kosmisches Wesen begreift.

Im *Vijnanabhairava Tantra* findet sich folgende sehr schöne Definition von Meditation: „Ein in sich ruhender Geist ist frei von allen Eigenschaften – das heißt wahre Versenkung“. Auch die *Sahajiya* sprechen von der „ausgeglichenen Ruhe des Bewusstseins". Sieht sich der Geist auf diese Weise befriedet, ist er endlich in der Lage, die Wirklichkeit so widerzuspiegeln, wie sie ist, anstatt wie wir sie gerne hätten. Dieses ewige Verdrehenmüssen, wenn unser Geist sich anstrengt die Welt so zu sehen, wie er sie sich vorstellt, erschöpft uns und lässt uns leiden. Ein friedlicher Geist erkennt, dass er durchaus alles in seiner Unmittelbarkeit aufzufassen vermag. Dann braucht er sich nicht mehr alle Einzelheiten der Wirklichkeit einzuprägen, um sie später einmal auszuwerten. Er sieht unmittelbar hin, was ist, ohne Projektionen und ohne Urteile, sieht alles in seiner Evidenz, in seinem nackten Sosein.

Dann hören unsere Begierden, unsere Leidenschaften und Sinne auf uns Probleme zu machen. Die gesamte Ernte, die sie aus unserem Lebensalltag einfahren, macht uns selig und endlich wird uns klar, dass das Leben in seiner Gesamtheit gelebt werden kann.

Das einzige Problem jedoch, das der Tantriker mit der Spontaneität hat, nach der er sich so sehnt, gleich ob er Shiva oder Buddha folgt: Wie fängt man den Augenblick so lebhaft ein, wie man eine Giftschlange packen würde? Beim leisesten Zögern ist man ein toter Mann!

Wenn sich uns die Wirklichkeit zeigt, ist sie nur im jetzigen Augenblick zu fassen. Gelingt uns dieser spontane Zugriff, kommen wir jeglichem differenzierenden Denken (*Vikalpa*) zuvor und leben dort, wo jedes Ding sich uns in seiner nackten Realität darstellt. Kommen wir aber zu spät, so hat uns der Fluss der Gedanken bereits von der Welt abgeschnitten; dann müssen wir auf die nächste Gelegenheit warten, um spontan zu sein.

Die Yogini und der Yogi sind von der Lebendigkeit eines Tigers. Kein Augenblick entgeht ihnen, denn sie haben ihre Begierden und ihre Sinnestätigkeit ganz ihrer absoluten

Natur überantwortet. Sie kennen also kein Unterdrücken, kein Vermeiden, kein Transzendieren. Asanga sagt das in Anlehnung an Buddha sehr schön: „Kein Ausweg für die Anziehung außer der Anziehung, dasselbe gilt für Abneigung oder Verirrung; denn nichts ist unabhängig vom Wesen der Dinge."

Dieses spezifisch tantrische Yoga ist zwar einfach, aber dennoch schwer zugänglich, weil es an die Erfahrung der Banalität geknüpft ist. „Das, was uns zur Welt kommen, uns leben und sterben lässt, ist das Herz des Höchsten", sagt Saraha. Auf der Hut sein, hellwach, spontan und immer ganz beim jetzigen Augenblick bleiben, wo alles zum Vorschein kommt – das ist für die Tantriker das *Mahayoga*; denn der Erfolg dieses kleinen Wunders des Verweilens im Hier und Jetzt erübrigt alle anderen Hilfsmittel, alle Techniken und spirituellen Praktiken, alle spezifischen Yogawege. Es beruht auf äußerstem Nichtpraktizieren, denn im Blitz des Augenblicks wird jeder Gedanke ans „Werden" und alles „Fortschreiten auf dem spirituellen Weg" zunichte. Dies ist die Quintessenz des Tantrismus, des *Chan*, des *Dzogchen*, des „Großen Siegels" oder des *Mahamudra*, wie die Tibeter und die Kaschmirer ihn nennen. Saraha bringt dies in seinem *Dohakosa*, mit folgendem herrlichen Vers zum Ausdruck: „Das Erwachen hat keinen Ort. Erkenne dieses Mysterium und verweile unerschütterlich in der eigentlichen Natur deines makellosen reinen Bewusstseins."

Dieses „makellos reine Bewusstsein" ist die totale Befreiung. Einzig und allein die zu erlangen, ist jedes Wort der Tantriker bestrebt. Sie lehren, wie man dort hingelangt. Und sind wir einmal dort, befinden wir uns im Herzen von Tantra.

12

Der Wohlklang des Lebens

Das Gehör ist ein herrliches „Sesam-öffne-dich!" für den Raum. Man braucht nur die Augen zu schließen und diesen Sinn sich ausdehnen zu lassen, um wahrzunehmen, wie er sich auf das Subtilste einstimmt. Wenn wir uns von der Welle unserer Wahrnehmung tragen lassen, können wir immer fernere Horizonte entdecken, bis hin zur Grenze des Schweigens.

Das leise Schaudern in der Stimme von Menschen öffnet uns für Präsenz. Musik verzaubert uns und führt uns in die Tiefen unserer Gefühle. Sie gestattet es uns, in sonst verschlossene Räume vorzudringen: Dort lässt sich der ruhig gestellte Verstand von einer alles umfassenden Intuition erobern. Die Musik bringt unseren Körper in Bewegung und gibt ihm im Tanz seine elementare Freiheit des Ausdrucks zurück. Wir hören mit dem ganzen Körper. Wir nehmen die Schwingungen gewisser Instrumente direkt wahr, die uns wie eine Liebkosung berühren oder uns noch tiefer durchdringen. Wir lieben es „die Stille zu hören“ – oder jene leisesten aller Geräusche, die das schweigende All bevölkern. Dieses Rauschen besänftigt uns und macht uns empfänglich für das Feinstoffliche; es öffnet unser Sein für die Welt.

„Dringe im selben Augenblick, da deine Aufmerksamkeit mit Hilfe deiner Sinnesorgane erwacht, in den innersten Raum deines eigenen Herzens vor“, rät das *Vijnanabhairava Tantra.*

• Ich spitze meine Ohren für das Auftauchen und Verebben von Tönen; sie geleiten mich zu meiner eigenen Glückseligkeit.

• Ich erlaube meinem Körper sich für Töne oder Musik zu öffnen; ich gestatte meinem Instrument sich andauernd einzustimmen, damit es am kosmischen Konzert teilnehmen kann.

• Ich lasse mich vom Geräusch meiner eigenen Atmung und der meines Partners tragen und gebe mich dem Geräusch des Atems hin; der eröffnet mir den Raum und den Frieden.

• Ich lausche den Anderen mit völliger Präsenz. Mein ganzer Körper ist Ohr und ich kann über alle Sprachen hinaus verstehen, was mir ihre Körper sagen.

13

Das Wesen der Zufriedenheit

In einer Strophe des *Vijnanabhairava Tantra* heißt es klipp und klar: „Genau dort, wo du Befriedigung findest, wird dir das Wesen der Glückseligkeit offenbart, sofern du ohne den ständigen Gedankenfluss an diesem Ort zu verweilen vermagst.“ [16]

Man muss, um diesen Vers in die Praxis umsetzen und die Erfahrung des Tantrikers nachvollziehen zu können, selber diese Erfahrung gemacht haben. Fasse den Vorsatz, Tag für Tag und je nach Tagesform und -laune, mit jedem Gegenstand, der deine Begierde weckt, restlos in Kommunion zu treten. Das können auch ganz einfach spontan sich bietende Zustände sein, die ein ungeahntes Potenzial an Befriedigung verheißen.

Betrete, sobald du morgens aufwachst, ganz bewusst deinen

Körper wie einen göttlichen Tempel und beobachte, welche Wirkung das auf deine Körperfunktionen hat (Wie fühlt sich der Atem an? Gibt es Verspannungen, irgendwelche Veränderungen? Was passiert mit dem Herzschlag, dem Kreislauf, dem Zwerchfell, den Organen, dem Verdauungstrakt usw.?). Wie verhält sich der Verstand? Was für Empfindungen und Gefühle kommen hoch? Es muss nicht länger dauern als zwanzig oder dreißig Sekunden, wie ein langsamer Kameraschwenk über deine inneren Landschaften. Anschließend schalte ganz bewusst diese Aufmerksamkeit ab und nehme wieder deine gewohnten Verrichtungen auf. Anders gesagt: Jetzt übernimmt wieder der „Autopilot".

Ein wenig später, z.B. beim Aufstehen, schalte erneut diese nackte, urteilsfreie Aufmerksamkeit ein und richten sie auf deine Körper- und Muskelbewegungen. Nur für ein paar Sekunden, dann nimm deine Aufmerksamkeit wieder zurück. Wieder etwas später – du gehst gerade barfuß über den Fußboden – wirst du vier, fünf Schritte lang wieder hellwach und nimmst deine Füße, deine Bewegungen, deine Empfindungen wahr und kehrst danach wieder zu deiner üblichen Routine zurück. Mache dir beim Trinken ein paar Schlucke bewusst – was und wie trinkst du gerade? – und schalte dann wieder auf Automatik. Danach, du schmierst dir gerade ein Frühstücksbrötchen, geh wiederum ins Hier und Jetzt – rein und dann wieder raus. Und wenn du dann dein Brötchen verzehrst, tauche wieder kurz ins Hier und Jetzt ein und dann wieder auf.

Wenn du später das Haus verlässt, richtest du deine Aufmerksamkeit ein paar Sekunden lang auf den Himmel und anschließend, nach einer Pause, auf deine Körperbewegungen. Und so machst du denn weiter ganz bewusst deine „Stippvisiten im Hier und Jetzt". Nimm z.B. hellwach ein

Gesicht oder einen Blick in dir auf oder verfolge dreißig Sekunden lang den Redefluss von jemandem, der dir etwas mitteilt, währenddessen du nicht nur seine Worte „vernimmst", sondern das ganze Wesen des Sprechenden.

Gelingt dir diese unbeschwerte, offene und eher spielerische Aufmerksamkeit ohne alle religiösen oder spirituellen Hintergedanken, dann wirst du schon am allerersten Tag eine ganze Reihe umwerfender Entdeckungen machen, die dir dazu verhelfen werden, dich pudelwohl zu fühlen.

Dazu brauchst du weder Buddhist noch Tantriker zu werden. Ja, du brauchst dich nicht einmal für Spiritualität zu interessieren. Hier geht es lediglich um eine Wirklichkeit, nämlich das Bedürfnis ganz und gar auf der Welt zu sein – ohne Hemmungen, ohne Angst und ohne Beklemmungen. Schon der Wunsch genügt sich rückhaltlos dem Leben zu stellen. Dazu muss man sich weder für irgendwas engagieren, noch irgendwas praktizieren, noch an irgendwas glauben. Die letzten Dinge sind uns auf eine so unkomplizierte Art und Weise zugänglich, dass man sie ohne weiteres an sich selbst in Erfahrung zu bringen vermag.

Was dabei für aufregende Entdeckungen herauskommen werden? Du wirst sehen, dass deine Atmung jedes Mal, wenn du das Leben unmittelbar beim Schopfe zu fassen bekommst, sich ganz harmonisch entspannt. Dieses Gefühl wird dir tiefes Vergnügen bereiten, bis ins Innere deines Kopfes hinein. Zehn Sekunden spontanen, sanften und tiefen Atmens genügen, um so etwas wie einen warmen, belebenden Energiestrom im Gehirn und bisweilen im ganzen Körper zu spüren.

Du wirst entdecken, dass das Vergnügen, wahrhaftig präsent zu sein, einfach in keinem Verhältnis zu dem steht, was es auslöst. Alltägliche Dinge – eine Schale Tee, ein paar Schritte, das Öffnen einer Tür, ein Blick zum Himmel –

können glücklich machen – nicht nur für diesen Augenblick, sondern weit darüber hinaus.

Du wirst entdecken, dass dein Glück – wenn das Hier und Jetzt schon solches Vergnügen bereiten kann! – gar keiner außergewöhnlichen, neurotisch herbeigesehnten Umstände bedarf, sondern lediglich der banalen Realität, so wie man sie von Sekunde zu Sekunde erlebt. Damit ist man von all den starken Reizen unabhängig, die man bisher mit einem Leben assoziiert hat, das befriedigend ist. Daraus ergibt sich sehr schnell, dass sich deine Suche und deine Erwartungen nicht mehr auf hypothetische und vom Zufall abhängige Objekte richten werden, sondern auf Dinge, die sich einem inmitten der Alltagserfahrung der banalen Realität erschließen können.

Du wirst feststellen, dass nichts und niemand dir dieses Vergnügen rauben kann – was dein Gefühl von Unabhängigkeit erst recht steigern wird.

Du wirst feststellen, dass Körper und Geist diese Art Kommunion dermaßen lieben, dass die beiden sich verbünden werden, um mehr und mehr davon einzufordern, und dass sich hierüber die übliche Gespaltenheit zwischen Körper und Geist zusehends auflösen wird.

Du wirst die Beobachtung machen, dass es, wenn man im Augenblick in der Welt ist, gar kein Ego gibt und somit auch keine Trennung, keine Dualität. Statt Anwandlungen von panischer Angst zu haben, „überhaupt nichts mehr zu sein!“, macht man die Erfahrung, dass man gerade durch sein Nichts-Sein den Zugang zu allem findet, ja dass man in dieser nackten Aufmerksamkeit „selber die Welt ist“. Damit macht sich wieder ein Gefühl von Glück und Ruhe in deinem Körper breit. Und mag dies zunächst auch nur drei Minuten am Tage anhalten, diese Erfahrung wird dein Leben in einem schier unvorstellbaren Maße verändern.

Die Achtsamkeit für das Leben, so wie ich sie oben beschrieben habe, ist eine ganz einfache Sache; denn sie ist völlig deckungsgleich mit dem Tempo unseres Bewusstseinsstroms. Man muss also nicht erst gewichtige Stundenpläne aufstellen, wann man sie zu üben hat, braucht sich weder an Vorschriften zu halten, noch eine Ausstattung anzuschaffen. Man kann sie üben, wo man geht und steht. Die Tantriker Kaschmirs sprechen von „Mikropraktiken". Nichts könnte wirksamer sein, könnte leichter sein, könnte tiefer gehen. Und ich rede hier durchaus nicht von Vorübungen, sondern von der tantrischen Praxis an und für sich, in ihrer ganzen Pracht und Herrlichkeit. Es gibt kein höheres Ziel.

Was wird geschehen, falls du dich dazu entschließen solltest diese Art Yoga sechzig Mal am Tag fünfzehn Sekunden lang zu praktizieren? Dann wirst du fünfzehn Minuten deines Tages damit verbracht haben „da zu sein". Am Anfang reichen jedoch schon drei oder vier Minuten. Gesteigert wird danach nicht die Dauer der Praktiken, sondern ihre Anzahl. Man kann das als eine Art Spiel machen – von dem kein Mensch etwas merkt! Man braucht nicht einmal den Buddhisten, Sufi oder Tantriker vorzugeben, sondern einfach nur Mensch zu sein im allernatürlichsten Sinne. Deine Umgebung wird weit tiefer von deiner Präsenz als von deinen Worten oder spirituellen Theorien berührt werden. Präsenz ist ansteckend! Man wird wissen wollen, ob du etwa verliebt seiest, und dann kannst du spontan mit „Ja!" antworten, ohne genau zu wissen, in wen oder was du verliebt bist. Und dieses Gefühl wird von nun an dein Leben leiten.

Wenn diese Übung dir erst einmal Spaß macht und du sie ein paar Wochen oder ein paar Monate lang durchhältst, wirst du feststellen, dass es überhaupt keine Praktiken mehr sind, sondern ganz einfach ein Vergnügen, ein unvergleichliches Erschauern von Leben. Das wird der Augenblick sein, wo dir das tantrische Geheimnis offenbar geworden ist.

Von nun an wirst du auf ganz natürliche Weise Lust auf eine immer konstantere Präsenz haben; denn nun hast du ein tiefes Gespür fürs Leben. Nach und nach wird dir klar werden, dass das, was hinter den abgehobensten Abhandlungen, hinter den erhabensten Philosophien, den allergeheimsten Praktiken steckt, nichts weiter ist als *dies*.

Damit wirst du an die Quelle gelangt sein, der alle spirituellen Wege, alle mystischen Schulen entsprungen sind. Und je mehr du dich in diese nackte Aufmerksamkeit für die Welt vertiefst, desto näher rückst du dem, was man „Erwachen" nennt.

14

Sinneswahrnehmung und Bewusstsein

Immer wieder ist behauptet worden, die tantrischen Meister Kaschmirs hätten den Sufis sehr viel näher gestanden als den Buddhisten. In der Tat ist in den kaschmirischen Texten manch humorvolle Spitze gegen die Buddhisten zu finden; aber gleichzeitig bestand eine Faszination für gewisse buddhistische Schulen, denen sich die Kaschmiris nahe fühlten

Das *Yogacara*, eine im vierten Jahrhundert u.Z. von den Brüdern Asanga und Vasubandhu gegründete Schule, hatte einen großen Einfluss auf die Tantriker. Auch der *Chan*, der von derselben Schule sowie vom *Lankavatara Sutra* beeinflusst und höchstwahrscheinlich im fünften Jahrhundert verfasst wurde, steht ihnen sehr nahe.

Abhinavagupta, der bedeutende tantrische Philosoph des zehnten Jahrhunderts – Weiser, Enzyklopädiker, Grammatiker, Dichter und Musiker in einer Person – ehrt in seinen Werken zwanzig dieser Meister. Demnach hat er sich nicht nur auf den Shivaismus beschränkt, sondern ist auch jainistischen und buddhistischen Meistern der *Yogacara*-Schule gefolgt. Die in Kaschmir stark verwurzelte Tantrismus-Tradition zeichnet sich vor allem dadurch aus, dass sie sich niemals scheut, die Wahrheit dort zu suchen, wo sie zu finden ist. Im traditionellen Indien ist es eher üblich, jeweils nur einer einzigen Schule oder einem einzigen Meister zu folgen. Vielleicht spielt hier aber auch die geographische Lage Kaschmirs eine Rolle. Es war als Durchgangsgebiet und Drehscheibe der Kommunikation ebenso offen für den Islam wie für China, Tibet und Indien. Die Kaufleute der Seidenstraße liebten Kaschmir als Stätte der Rast; tibetische Meister kamen seit Urzeiten hierher, um von den *Siddhas* (vollendete Wesen) und tantrischen Yoginis unterwiesen zu werden. Die chinesischen Mönche und Pilger zogen am liebsten über Kaschmir nach Indien und alle Reiseberichte sind sich in einem Punkt einig: Kaschmir erschien ihnen wie eine Art Paradies. In einer dermaßen intensiven Atmosphäre des Austauschs konnte der Shivaismus tiefen Einfluss auf den Buddhismus ausüben und umgekehrt konnte dieser seinen Wissensdurst an der Quelle des *Yogacara* stillen, von dem er vor allem die Vorstellung von den „Acht Achtsamkeiten" übernimmt.

Um die Rolle der Sinne, der Begierde und der Leidenschaft im Tantrismus besser verstehen zu können, muss man sich vor Augen führen, was Asanga unter Bewusstsein verstand. Seine unvergleichlich subtile und tief gehende Vision legt bis in die feinsten Verästelungen dar, wie sich die volle Entfaltung der Sinne vollzieht: Sie geht zunächst vom Bewusstsein aus und kehrt dann als Strom wieder zum kosmischen Selbst, so wie er es beschrieben hat, zurück. Um diese Vorstellung vom Bewusstsein dreht sich der gesamte Erkenntnisprozess.

Die Anhänger des *Yogacara* wie des Tantrismus sprechen von den acht Achtsamkeiten (d.h. Bereichen des Bewusstseins):

- Die fünf sensorischen Bereiche:
  Der Gesichtssinn (Sehen)
  Der Geruchssinn (Riechen)
  Der Tastsinn (Fühlen)
  Der Geschmackssinn (Schmecken)
  Der Gehörsinn (Hören)

- Die zwei mentalen Bereiche:
  Die ans Ego und somit an die Dualität (*manas*) gebundene Wahrnehmung
  Die unmittelbare, nicht-dualistische Wahrnehmung, in der alle Wahrnehmungen verschmelzen (*manovi janana*).

- Das Bewusstsein des Urgrunds bzw. das Unbewusste (in zwei Teilen):
  Das Unbewusste, das durch die Bande ans Ego ver unreinigt ist (*alayavijnana*)
  Das makellose Bewusstsein, der Wesenskern (*amala vijnana)*

Diese Unterteilung hat den Vorzug, Klarheit in jegliche Sinnes- und Geistesregung zu bringen. Sie legt dar, wie die Yoginis und Yogis, mögen sie nun Buddhisten oder Tantriker oder buddhistische Tantriker sein, die Wirklichkeit wahrnehmen und wie der Gesamtkomplex der Wirklichkeit immer wieder zum absolut reinen Bewusstsein zurückkehrt im ewigen ununterbrochenen Kreislauf. Sie macht klar, auf welche Art und Weise sich das Bewusstsein trübt, wie sich Schadstoffe im Unbewussten ansammeln und wie es sich von Prägungen frei machen kann. Sie erläutert, wie sich das Ich, das Ego, bildet und sich der absoluten Klarheit des von allen einschnürenden Ich-Fesseln befreiten „Ich bin!" widersetzt. Und nicht zuletzt, wie das Spiel der Wahrnehmung unser Unbewusstes füttert und uns in immer mehr Verwirrung oder Schwierigkeiten stürzt und somit all unsere Chancen zunichte macht, die Wirklichkeit in ihrem wahren Wesen zu erkennen. Dort nämlich vermag uns jede Sinneswahrnehmung in Windeseile dem Genuss einer unmittelbaren und ursprünglichen Freiheit entgegen zu tragen.

Der sechste, mentale Bewusstseinsbereich (*Manas*), ist für Asanga der Sitz all unserer Sorgen, all unserer Ängste. Vor allem durch die Identifikation mit dem Ich wird hier das Ego mit jeder Empfindung erzeugt, gestützt und verstärkt. Hier nimmt die Dualität ihren Anfang, derzufolge die Welt angeblich in Subjekt und Objekt zerfällt. Ohne sie gäbe es keinen Beobachter und nichts Beobachtetes; mit ihr beginnt der unterscheidende Diskurs, der nunmehr pausenlos unsere Wirklichkeitswahrnehmung trübt. Zwar befähigt uns diese Wahrnehmung, gestützt durch das Gedächtnis, zu erstaunlichen Leistungen, aber sobald wir sie als Sitz der absoluten Wirklichkeit missverstehen, wird sie zur Ursache von all unseren Fehldeutungen der Realität, da wir sie nur noch aufs Ego beziehen.

Nur aus diesem Grunde kommt die so genannte Objektivität, die die westlichen Kulturen so schätzten, den Weisen Kaschmirs und den Buddhisten so unendlich viel flacher vor als das, was sie die „reine Subjektivität" nennen, die ihnen zufolge auf dem siebten, mentalen Bewusstseinsbereich fußt. Auch für die Yogini und den Yogi ist diese Ebene zweifellos vorhanden, aber dank ihrer Entspanntheit kommt es zu keinen Zusammenstößen mit den Ego-Interessen. Sie funktioniert wunderbar, auch ohne das Universum auf das Ich zu beziehen. Dank ihrer ist das befreite Wesen fähig ein tätiges Leben zu führen.

Man könnte das siebte Bewusstsein (*Manovijnana*) mit einem Computer vergleichen, in dem alle Wahrnehmungen zentralisiert und die Kommunikation koordiniert wird, ohne dabei ein Ego zu aufzubauen, das die Illusion eines von der Welt getrennten Wesens aufrecht erhielte. Im Reich des siebenten Bewusstseins teilen uns unsere Sinne alles mit, was sie einsammeln, in absoluter Frische, unbeeinträchtigt von allen Einflüssen oder Überbleibseln der Vergangenheit. Es gibt dort keinerlei Dualität und keinerlei Distanz mehr zwischen der Welt und dem Yogi, der nunmehr über alles zu staunen vermag, was im Lichte dieser Bewusstheit erscheint. Diese Bewusstheit ist immer dann am Werke, wenn wir einen Augenblick völliger Präsenz für die Realität einer Empfindung, eines Gedankens oder eines Gefühls erleben. Das Spiel dieser zentralisierenden und neutralen Bewusstheit fügt unserer Wahrnehmung von allem was sich uns darbietet, weder etwas hinzu, noch vergleicht es, benennt es oder etikettiert es, so wenig, wie es entwertet oder übertreibt.

Jeder, der nur ein paar Wochen dieses „Yoga der Präsenz" praktiziert, (vgl. Kapitel 13), kann diese Erfahrung der nackten, echolosen Empfindung machen und auf diesem Wege zu seiner Wirklichkeit finden.

15

Das Wechselspiel der acht Bereiche des Bewusstseins

Die Art und Weise, wie uns das Wechselspiel zwischen der sechsten und der siebenten Bewusstseinsstufe entweder befreit oder fesselt, wird noch deutlicher, wenn man deren Verbindung zum achten Reich, dem Bewusstsein des Urgrunds, prüft. Hut ab vor diesen Denkern und Philosophen, die bereits in den ersten Jahrhunderten unserer Zeitrechnung nicht nur auf das Unbewusste (*Alayavijnana*) gestoßen, sondern zu einer noch feineren Bewusstseinsschicht vorgedrungen sind, die sie das „reine makellose Bewusstsein" (*Amalavijnana*) nannten. Diese Bewusstseinsschicht ist es auch, die im *Lankavatara Sutra* mit dem *Thathagatagharba* – der Embryo oder Urform oder der „eigentlichen Natur oder Beschaffenheit des Buddha" – gleichkommt, während die

Shiva-Anhänger Kaschmirs sie mit *Paramashiva*, dem absoluten Bewusstsein des Selbst gleichsetzen.

Doch gehen die Denker des *Chan* und des Tantrismus noch einen Schritt weiter. Tatsächlich käme ja die Unterteilung des Bewusstseins in acht Bereiche einem Rückfall in die Gespaltenheit gleich und erst das Sechste von ihnen, das der Unterscheidungskraft, könnte diese Unterteilung überhaupt erkennen. Es kommt also darauf an, alles was das Denken zerstückelt hat, mit einem kraftvollen Sprung ins Absolute wieder zu vereinigen – und genau diese Erfahrung macht der Yogi.

Die Meister des *Yogacara*, des *Chan* und des Tantrismus sagen also genau das, was im *Lankavatara Sutra* zu lesen steht: „Das *Thathagatagharba* (Embryo bzw. Urform bzw. die eigentliche Natur oder Beschaffenheit des Buddha), auch unter dem Namen *Amalavijnana* (jungfräuliches Bewusstsein) bekannt, entwickelt sich auf den sieben Bewusstseinsschichten (*Vijnana*)."[17] Alle Erfahrung, alle Sinnlichkeit wird somit dem Absoluten einverleibt und bildet sein Fundament bzw. seinen Kern. Mithin gibt es für den Tantriker oder den Chan-Schüler der Yogacara-Richtung auch keinen Grund mehr, auf seinem Weg zum Absoluten die Erfahrung der Sinne oder der Wirklichkeit zu meiden. Im Gegenteil: So kann jeder Kontakt damit dem Yogi, der Abstand zum Ego hat, das absolute Bewusstsein offenbaren.

Der Buddha hat es klipp und klar gesagt: „Ich lehre die Wirklichkeit. (...) Und die ist wahrlich nichts Anderes als unser Inneres, wie schon die alten Meister lehrten." Und im gleichen Sutra: „Wer zutiefst versteht, dass die sieben Bewusstseinsschichten mit dem eigentlichen Wesen des Buddha übereinstimmen, für den entfällt alle Dualität."

Matsu, der erhabene *Chan*-Meister des achten Jahrhunderts, sagt in Anlehnung an das von Bodhidharma überlieferte *Lankavatara Sutra:* „Außerhalb der Wirklichkeit ist keine Spur vom Absoluten zu finden." [18]

Und der Dichter, Philosoph und Tantrameister Utpaladeva singt im zehnten Jahrhundert:

Nun, da ich deine Wirklichkeit wieder entdeckt habe
Und in diesem ganzen All hinfort
Nur noch das Rauschen des Selbst erkenne:
Oh möge dies Erstaunen nie wieder von mir weichen,
Das den Geschmack der Liebe hat!

Möge mir nimmermehr eine Wirklichkeit
Als illusorisch erscheinen,
Sondern möge sie durch und durch wirklich sein,
So wie du es bist, der allerseits
Wieder entdeckt und geehrt wird. [19]

16

Die Macht der Sinne

Bhaskara, ein anderer kaschmirischer Großmeister der *Vasugupta*-Linie schreibt in seinem Kommentar zu den *Shiva Sutras:* „Die Sinne haben, wie die Erfahrung beweist, die Macht diese Neuerschöpfung entstehen zu lassen, sie werden nämlich durch die unerschaffene Macht des Bewusstseins unterstützt. Dies ist deshalb so, weil die Macht der Sinne von der Kraft der Versenkung ins Selbst herrührt." Bhaskara sieht in der Sinnestätigkeit die eigentliche Grundlage des Seins.

Für einen, der nicht mit der Wirklichkeit kommuniziert, ist alles Illusion. Alles nimmt eine eingebildete Form an, das Ego fixiert sie und verleiht ihr Gewicht. Von dieser Illusion, die die Egozentriker Wirklichkeit nennen, rührt alles Leid, alle Isolation, alle Abgeschnittenheit her. Und all diese Eindrücke werden dann ins Unbewusste verdrängt, in die

Dunkelzonen des Urbewusstseins. Und diese rumorenden Missklänge halten dann im Menschen, der den Bahnen der Illusion, der Abhängigkeit und des Unwohlseins verhaftet ist, den ewigen Kreislauf in Gang.

Wie aber diesem Kreislauf entrinnen? Durch vollkommene Entspannung und Offenheit für die Wirklichkeit im Augenblick, wie es die buddhistischen *Yogacara*, der *Chan*, der *Dzogchen* und der Tantrismus lehren. Das Bewusstsein, sagt Asanga, „liegt an der Leine der Ichperspektive – von daher seine rastlose, aber machtlose Anspannung. Dieser ist nur abzuhelfen, indem man im Innern sein Bewusstsein stabilisiert, was das Bewusstsein im Bewusstsein selbst verankert.“[20]

Wir können also unseren Körper und Geist einzig und allein befrieden, indem wir das loslassen, was Asanga „die Masse der Anspannung“ des unterscheidenden Denkens nennt.

In der „Geheimlehre der Göttin Tripura“[21] belehrt eine Yogini den hochmütigen Ashtavakra, der sich brüstete, nichts auf dieser Welt sei ihm verborgen, mit den folgenden Worten: „Hier ihre Worte: ‚Solange die nach außen gerichtete Bewegung der Intelligenz noch nicht zum Stillstand gekommen ist, ist kein Blick ins Innere möglich. Solange man noch nicht nach innen zu blicken vermag, hat man keinen Zugang zu dieser reinen Bewusstheit. Dieser Blick nach innen ist frei von jeglicher Anspannung: Wie also könnte ein Intellekt ihn haben, der sich angespannt bemüht? Und daher musst du dich deinem eigentlichen Wesen nähern, indem du jede Art von Anspannung fahren lässt. Dann wirst du einen Augenblick lang zu deinem eigentlichen Wesen zurückfinden und wirst dort verweilen, ohne zu denken. Danach wirst du dich erinnern und wirst begreifen, inwiefern das Bewusstsein zugleich unerkennbar und doch vollkommen bekannt ist. So ist die Wahrheit. Sobald du sie erkannt hast, wirst du in den Zustand der Unsterblichkeit eingehen. Dies ist alles, was ich dir zu sagen hatte, oh Sohn des Asketen! Nun grüße ich dich und ziehe mich zurück. Wenn du dies alles nicht schon beim bloßen Zuhören hast verstehen können, wird König Janaka, der weiseste aller Weisen, dich aufklären. Löchere ihn mit Fragen und er wird dir jeden Zweifel zerstören.' Mit diesen Worten verschwand die Yogini wie eine Wolke, die sich auflöst, während der König ihn in Ehren empfing und die Mitglieder der Versammlung sich verneigten."

Entspannung gestattet es dem unberührten Bewusstsein sich zu zeigen; hellwaches Handeln gestattet eben diesem Bewusstsein, sich in Richtung Welt zu entfalten, diese zutiefst zu berühren und sie wieder der Quelle des Herzens zuzuführen, wo jede Wahrnehmung wieder zu ihrer Frische und ihrem Erschauern zurückfindet.

Dann wird die „stets wachsende Entspannung des Körpers und des Herzens ihm erlauben endgültig Fuß zu fassen... sein Körper und sein Bewusstsein sind im höchsten Grade geschmeidig geworden... Nun, da er verstanden hat, dass diese Welt nur aus Potenzialen besteht, ohne Selbst und Keimzelle von Leid, schwört er jener Auffassung vom Selbst ab, die nicht das Wohl der Menschen im Auge hat, und nimmt mit großem Gewinn Zuflucht zu der großen Auffassung vom Selbst. Dieser Auffassung ist es nämlich gelungen, nicht mehr zwischen der Erkenntnis seiner selbst und der anderen zu unterscheiden: Nunmehr ist die Gesamtheit aller Geschöpfe an die Stelle des eigenen Ichs getreten. Hier liegt die Quelle des interesselosen Handelns eines Bodhisattvas zum Wohle aller"[22], sagt Asanga in einer der treffendsten Definitionen über das Wesens eines Bodhisattvas, die es gibt.

Hier ist man weit entfernt von der Vorstellung, ein

Bodhisattva weigere sich ins *Nirvana* einzugehen, bevor alle übrigen Lebewesen erlöst seien. Denn für einen Anhänger des *Yogacara* beweist das Gegenüberstellen von *Nirvana* und *Samsara* (Welt) nur einen Mangel an Offenheit für die Welt. Für ihn ist das gesamte *Samsara* vom *Nirvana* durchdrungen und ist das Absolute im Wirklichen zu finden; so lehren es auch Matsu und die Meister des *Chan*.

Dies zeigt z.B. die *Chan*-Anekdote von den zwei Klosterschülern. Der Erstere gehört einer Schule des *Chan*, der Letztere einer anderen Schule an. Sie begegnen sich an einem Fluss; Letzterer erzählt von den magischen Kräften seines Meisters. Wenn dieser an einem Flussufer sitzend Schriftzeichen in die Luft male, würden diese sofort auf einem Blatt Papier erscheinen, das einer seiner Schüler am gegenüberliegenden Ufer hoch halte.

„Und was für Wunder", will er wissen, „kann dein Meister vollbringen?"

„Mein Meister ist ein großer Zauberer", antwortet der *Chan*-Schüler. „Wenn er Durst hat, dann trinkt er, wenn er Hunger hat, dann isst er und wenn er müde ist, dann schläft er."

Und genau dieses Loblied auf die einfache und banale Wirklichkeit ist das Markenzeichen des *Chan*, des *Yogacara*, des *Dzogchen* und des kaschmirischen Tantrismus.

Das Hier und Jetzt verankert sich immer tiefer und mündet schließlich in jenem „Eintreten in das Reich der Wirklichkeit", wie das letzte Kapitel des kolossalen *Avatamsaka Sutra* betitelt ist.

Der Weise ist dann in der Lage mit der Durchschlagskraft eines Blitzes zu handeln; denn er ist nun nicht mehr vom aufspaltenden Denken gelähmt. Er handelt auf der Stelle und bringt Licht in die Sache; genau das ist mit „Nichthandeln" gemeint. Das sechste Bewusstseinsreich ist kurz geschlossen, nichts wird mehr ins Unbewusste verdrängt und das Vibrieren der Sinne zelebriert in einem fort jenes Bewusstsein von dem alle Bewegung ausgeht.

17

Wie befreit man sich von der Vergangenheit?

Frage: „Ich kann mir vorstellen und auf Grund gemachter Erfahrungen nachvollziehen, dass ich, sobald meine Offenheit für das Wirkliche dauerhaft wird, nichts mehr im Unbewussten zu speichern brauche, da alles nunmehr unmittelbar ins Selbst, ins jungfräuliche Bewusstsein übergeht. Aber was soll ich dann mit den Ablagerungen aus der Zeit vor der dauernden Bewusstheit anfangen? Wie wird man die los? Die sind doch das eigentliche Hauptproblem …"

Die tantrischen Meister Kaschmirs haben auch dieses Problem gelöst, was sehr wichtig ist: Für sie gibt es keine Zeitenfolge. Nur die Gegenwart existiert. Ob man sich wieder an ein Ereignis erinnert oder die Zukunft vorstellt – alles spielt sich in der Gegenwart ab. Nur so lassen sich überhaupt die alten Verletzungen und schmerzhaften Gefühle behandeln und heilen. Nur hat dies auf eine bestimmte Art und Weise zu geschehen; und zwar, indem man sich seine Gefühle, seine Körperbewegungen, seine Verstrickungen im Hier und Jetzt vergegenwärtigt. Wenn sich der Körper/Geist beruhigt, schlägt das Unbewusste oft Purzelbäume, so als hätte es nur auf die Klarheit des Geistes gelauert, um sich bemerkbar zu machen. Wenn es uns auch in solchen Augenblicken gelingt, mit der Geschmeidigkeit eines Tigers im Hier und Jetzt zu bleiben, fließt alles, was da hochkommt, ganz natürlich in unsere Sinneswahrnehmung und dort können wir dann die ursprünglichen Symptome vollständig nachvollziehen, ja *leben*, ohne dass es zur Einmischung oder Manipulation durch das Ego kommt. Danach löst sich dieses Leiden, statt wieder in den Speicher des Unbewussten zurückzukehren, unmittelbar im unberührten Bewusstsein auf, kehrt zu seiner Quelle zurück und verwandelt sich in lichten Raum.

Dies ist eine der wichtigsten Etappen, eine Art Frühjahrsputz bis hinein in die Wurzeln unseres Seins. Das ist ein sehr bewegender und sehr starker Augenblick, wo man spürt, wie all die alten Prägungen durchs absolute Bewusstsein gefiltert werden. Das ist eine Arbeit fürs ganze Leben; das ist die Arbeit nach dem Erwachen, aber die vollzieht sich von selber, sie ist nicht Gegenstand einer Übung. Wenn der Tiger auf die Jagd geht, sagt man ja schließlich auch nicht: „Er macht eine Übung".

Wenn alles, was auftaucht, nicht mehr vom Bewusstseinsbereich des Verstandes, der ans Ego gebunden ist, abgefangen wird, tritt endlich ein, was Asanga und das *Lankavatara Sutra* „die Umkehr" nennen. Mit anderen Worten: Es geht unmittelbar und unverändert ins Bewusstseinsreich des unberührten Urbewussten ein. Das Unbewusste bekommt kein Futter mehr und der Yogi gewinnt seine Freiheit zurück.

Diese Freiheit gestattet nunmehr den vollen Einsatz aller acht Bewusstseinsbereiche, da die Ego-Leine gekappt geworden ist. Selbst das unterscheidende Bewusstsein, das sechste, operiert nunmehr vom tiefen Kern des Seins her, von der Buddha-Natur oder der Shiva-Natur im Selbst.

Auf die Art wird ausgerechnet all das, was den Weltflüchtling so sehr fesseln, quälen und ängstigen kann, für den Praktizierenden des *Yogacara*, des *Chan* oder des Tantrismus zum Ort seiner fortgesetzten Befreiung.

18

Die Düfte der Welt

Wenn wir atmen, spüren wir die elektrische Ladung der Moleküle, die mit den Nasenschleimhäuten in Berührung kommen. Der Kontakt währt zwar nur eine tausendstel Sekunde, stimuliert damit jedoch in uns die Erinnerung an diesen Duft. Schon während unserer Entwicklung im Mutterleib lernen wir Gerüche zu erkennen und zwar daran, wie die Speisen riechen, die unsere Mutter zu sich nimmt.

Gerüche sind von großer Bedeutung und meist gehen sie mit einem bestimmten Geschmack einher. Der natürliche Geruch der Menschen, denen wir begegnen, setzt sich in uns sofort in Reaktionen der Anziehung oder der Abstoßung um, ohne dass wir eine Ahnung haben, woher das kommt. Vor allem in der Liebe spielt diese Witterung eine große Rolle, denn sie bestimmt unsere Partnerwahl, gleichgültig, welche

Gründe unser Verstand ins Feld führt, wieso wir uns angezogen fühlen. Frauen haben für Gerüche ein besonders feines Gespür und überhaupt läuft der Verlust des Geruchssinns beim Menschen auf einen Verlust jeglichen sexuellen Interesses hinaus. Seit der Antike spielen daher Parfüms eine große Rolle für die menschliche Kreativität. Der Geschmack wandelt sich mit der Zeit, die Moden ändern sich, nicht aber die Anziehungskraft des Parfüms.

Das Metier des Parfümmachers ist ein dermaßen raffinierter Beruf und das Erlernen dieser Kunst so zeitraubend, dass es häufig innerhalb der Familie bleibt. Denn die richtige Nase kann man nur von frühesten Kindesbeinen an entwickeln. Zwischen dem Geruchssinn und dem Gedächtnis ist die Verbindung extrem fein und tritt schon in den allerersten Lebensjahren in Funktion, in dem Maße, wie man mit all den Gerüchen der Welt in Kontakt kommt.

Unsere Nase liefert Informationen über die Nahrungsmittel, die wir verzehren, und so manchen Therapeuten informiert sie über die seelische Verfassung des Patienten. Wer diese Gabe, so eine Spürnase, hat, der kann Angst geradezu riechen und zwar im wörtlichen Sinn. Manche Krankenpfleger oder Psychiater sprechen von dem besonderen Geruch Schizophrener. Oft können Masseure riechen, dass sich der natürliche Geruch eines Körpers verändert, sobald eine Muskelentspannung einsetzt und sich statt der Verspanntheit Wohlbehagen ausbreitet.

Je mehr uns die natürliche Feinheit dieses Sinnes verloren geht, desto mehr parfümieren die Industriegesellschaften unsere Umwelt künstlich. So werden heute öffentliche Plätze, Kleidungsstücke, Autos, Flugzeuge, Supermärkte, Handelszentren, künstliche Speisen, Bücher und alle möglichen anderen Dinge parfümiert, mit der Absicht, uns zum Kauf zu verleiten. Unsere fünfzig Millionen Geruchszellen ziehen uns zu allen möglichen Vergnügungen. Manchmal genügt schon der Anflug irgendeines Duftes, um all unsere Lebensgeister zu wecken. Wer sich das Rauchen abgewöhnt hat, entdeckt ein ganz neues Universum voller Düfte, das sich ihm nach einigen Monaten des Nichtrauchens erschließt.

Das Yoga der Achtsamkeit auf unsere Geruchswahrnehmung gewährt uns ein Tor zu einer grenzenlosen Welt. Wenn wir darauf achten, wie alles riecht, leben wir sehr bald wieder auf, denn was wir da wieder entdecken, ist der Gebrauch eines Sinnes, von dem einst unser Überleben abhing, der aber mit der Zeit abgestumpft ist. Wir werden überrascht sein von all den Informationen, die uns unsere Nase zutragen wird, sobald wir etwas mehr Bewusstheit in diese Vorgänge investieren.

- Sobald ich aufwache, mache ich mir meinen Geruchssinn bewusst. Was nehme ich alles wahr, wenn ich durch mein Zimmer gehe? Den Geruch des Parkettfußbodens? Eines Blumenstraußes? Eines von der Sonne erwärmten Stoffes? Der Butter, des Brotes, des Tees oder des Kaffees, den ich mir zubereite? Der Früchte in einer Schale? Den einer Katze, die sich anpirscht? Eines Kindes? Eines Mannes oder einer Frau?

- Was sagt mir der Duft der Menschen, die mir begegnen oder die ich anrede oder mit denen ich arbeite?

- Wenn ich meditiere, lasse ich meinen Geruchssinn in die Ferne schweifen und den Raum bis ins Unendliche erforschen.

19

Das Instrument Körper für die absolute Liebe stimmen

Der Tantrismus betrachtet den Körper als Tempel, in dessen Allerheiligstem das Göttliche thront. In ihren Unterweisungen vergleichen seine Meister den Körper oft mit einem Saiteninstrument, der *Sarangi.* Und sie setzen die bewusste Offenheit für die Welt mit dem Stimmen dieses Instruments gleich. Stellt man ein gut gestimmtes Instrument in ein Zimmer, genügt schon das Spiel auf einem anderen Instrument im Zimmer, um die Saiten des ersteren in Schwingung zu versetzen.

Das Bild besagt, dass auch wir Resonanzkörper für die Welt werden können, sobald wir uns eingestimmt haben. Das, was die Tantriker ihr Yoga nennen, ist nichts als diese Arbeit, dieses Spiel, sich kontinuierlich einzustimmen, aufnahmebereit zu machen für die Schwingungen der Wirklichkeit, so wie sie sich abspielt. Wir brauchen nur einmal das Experiment zu machen, drei Minuten lang all unsere Sinne aufzusperren, um zu erkennen, wie viele Faktoren uns von unserem Ziel abzubringen versuchen:

- Die Ablenkung durch unsere automatische Gedankentätigkeit
- Unsere Projektionen
- Vergleiche mit Vergangenem
- Die mangelnde Übereinstimmung zwischen unseren Wünschen und unserer tatsächlichen Lebensweise
- Der Widerspruch zwischen unserem Leben und unseren Überzeugungen
- Der Druck unserer Erbsünde und unserer Wertlosigkeit
- Der Wunsch die Wirklichkeit zu verdrehen
- Der Wunsch nur auf Dinge zu achten, die uns Spaß machen, und alles Leid, allen Krampf, alle Angst, alles Unwohlsein unter den Teppich zu kehren
- Das Bestreben die Dauer gewisser Wirklichkeitselemente tatsächlich zu verfälschen.

Es ist vor allem deshalb schwierig in der Gegenwart zu bleiben, weil wir die Wirklichkeit nicht so akzeptieren, wie sie ist. Und zwar, weil wir weder ihre Schönheit noch ihre Tiefe erkennen. Und dann bilden wir uns auch noch ein, in unserer Umbesetzung wäre das Leben lebenswerter. Dabei verlieren wir nur enorm viel Energie damit, die Wirklichkeit ummodeln zu wollen, auf dass sie unseren Plänen, unserem Ideal, unseren Überzeugungen entspreche. Unglücklicherweise schert es die Wirklichkeit aber nicht, sich nach unseren Wünschen zu richten. Überdies ist diese absurde Anstrengung reinste Zeitverschwendung. Genau hier liegt die Hauptursache, warum wir nicht ein geschmeidigeres Leben führen können, wo kein Verstand mehr versucht die Wirklichkeit festzunageln.

Unser Verstand hat die Gewohnheit und die wunderbare Fähigkeit äußerst beweglich zu sein und sich dem Fluss des Lebens anzupassen – der gleichfalls äußerst beweglich ist. Jedes Mal, wenn wir uns einmischen und Dinge festhalten wollen, die von Natur aus vergänglich sind, blockieren wir den natürlichen Fluss des Lebens. Jedes Mal, wenn wir in der Absicht einschreiten, Empfindungen oder Gefühle zu unterbinden, die nicht unseren Wünschen entsprechen, lähmen und behindern wir den natürlichen Lebensstrom.

Nehmen wir ein Beispiel: Wir treffen uns mit jemandem, der uns anzieht. Vom ersten Augenblick an stürzt sich unser Verstand in eine fieberhafte Tätigkeit, heckt eine Strategie, einen Plan, eine Erwartung aus und macht uns Hoffnungen. Sofort stellen sich dann Ängste ein. Im Handumdrehen ist die Angst da enttäuscht zu werden, verlassen zu werden. Wir haben noch nicht einmal genug Zeit gehabt, um uns mit dieser Person wirklich vertraut zu machen, haben aber schon unser ganzes Hirn überstrapaziert und lahm gelegt. Das Energiefeld dieser Begegnung ist inzwischen ganz von lauter Absichten unterminiert und die Gefahr einzubrechen ist umso größer, wenn beide dasselbe getan haben. Oder anders gesagt: In so einem Wolkenkuckucksheim stehen die Chancen für eine wahre Begegnung sehr schlecht.

Das Körpergefühl, die Offenheit für den anderen wird im Nu unter einem Schwarm von Parasiten zugedeckt. Den Bewegungen, zu denen man jetzt noch fähig ist, fehlt jede Spontaneität und Intensität, als würden wir ferngesteuert von Außerirdischen. Wieder einmal die übliche Bescherung, dass zwei unerfüllte Menschen alles daran setzen, um in einer Art von wechselseitigem Kannibalismus das Loch zu stopfen, das ihr Leben ist. Bei dieser Perspektive kann jeder den anderen ausbeuten und selbst wenn uns das ein paar glückliche Augenblicke bescheren sollte, kann der Moment nicht ausbleiben, wo die Summe der Strategien und Behinderungen die Beziehung vollkommen lahm legt.

Unsere sentimentalen und psychologischen Projektionen, das Dazwischenfunken unseres Gedächtnisses, der Druck, endlich mal das zu finden, wonach wir uns sehnen – all das wirft schwarze Schatten auf die Szene und wird dafür sorgen, dass diese Geschichte, die wir doch gerade erst gemeinsam in Gang bringen möchten, im Graben landen wird. Und nirgendwo wird der gesamte Ablauf dieses vielleicht ja erstmaligen Abenteuers einer Begegnung zwischen zwei Menschen von einem Funken Anmut und Spontaneität beseelt sein. Nur das, was an dieser Situation neu ist, wird uns vorgaukeln, dieses Mal endlich unseren Seelengefährten gefunden zu haben.

Und wie wir es mit den Menschen um uns halten, so halten wir es auch mit den Sachen. Wenn irgendwann die Begeisterung und das Feuer der Jugendjahre verlischt, dann nicht, weil dies abwendbar wäre, sondern weil wir in die furchtbare Falle gehen, nicht offen zu sein für die nackte Wirklichkeit.

Wären wir andererseits fähig mit dem anderen, mit der Welt und den Dingen im Hier und Jetzt in Berührung zu treten, dann würden wir die Erfahrung einer ungeheuren Frische machen. Jeder Augenblick würde dann vom restlosen Vertrauen in unsere Körperlichkeit getragen und unsere Wahrnehmung wäre frei von allen Störmanövern des Verstandes und sentimentalen Projektionen. Erst in dem Augenblick würden wir die Liebe überhaupt leben können.

Viele kennen aber noch nicht einmal den Unterschied zwischen Liebe und sentimentaler Projektion. Wir glauben, das wäre ein und dasselbe. Wir bilden uns ein, eine sexuelle Beziehung ohne sentimentale Projektionen wäre etwas Kaltes, rein Mechanisches. Die Yoginis und Yogis sind dagegen der Meinung, dass es zu keiner tief gehenden Begegnung, mithin auch zu keiner Liebe kommt, solange diese sentimentale Bindung existiert. Warum? Ganz einfach, weil wir, solange wir diese Verstandeskrücken benutzen – denn genau das sind sentimentale Projektionen –, nicht ehrlich mit uns selber sind. Denn dann täuschen wir uns sowohl selbst als auch den anderen, weil wir dann etwas vorhaben, sowohl mit uns selbst als auch mit dem anderen. Wenn der Partner dann diesen Plan nicht erfüllt, sind wir enttäuscht und nehmen es ihm übel. Deshalb stimmen wir uns auch erst gar nicht aufeinander ein und gestehen dem Anderen nicht den Freiheitsraum zu, ohne den sich keine Liebe entwickeln kann.

All unsere Projektionen, all unsere Hoffnungen und Wünsche, alle Hemmnisse im Strom des Lebens sind nämlich nichts Anderes als ein Nein zur Freiheit der Liebe. Es gibt keine Liebe ohne Freiheit. Aber Freiheit deckt sich niemals mit dem Ego, und wenn man restlos in der Präsenz gegenüber der Wirklichkeit aufgeht, kann sich das Ego nur verflüchtigen, ohne jede Angst, ohne jede Absicht, ohne alles Pläneschmieden. Also nur dann, wenn nichts anderes mehr da ist als der fundamentale Wunsch, im All, im Unpersönlichen, in der Nicht-Beziehung, kurz in der völligen und ungespaltenen Präsenz zu sein.

Diejenige Liebe, die aus unserem Innern hervorquillen darf, sobald alle Projektionen versiegen, ist die einzige Liebe, die uns befriedigen kann. In dem Moment kann uns niemand mehr von der Quelle des Bewusstseins abschneiden. Und genau diese Präsenz an dieser sprudelnden Quelle, die zur Unabhängigkeit führt – genau das ist es, was die Yoginis und die Yogis leben. Aller gesellschaftlichen Fesseln ledig sind sie Liebe und als solche verlangt es sie nach nichts anderem mehr, denn sie sind erfüllt und erfüllen alle, deren Lebensbahnen sie kreuzen.

20

Liebe, Sexualität, Treue

Frage: „Wie kann ich diese Sphäre der Spontaneität, die mir sehr zusagt, die mich anzieht, mit meinem Leben als Frau, die in der Gesellschaft lebt, vereinbaren, die einen Partner und auch einen Kinderwunsch hat, die gar nicht umhin kann, Pläne zu machen und sie auch durchzuführen, die sich wohl fühlt bei einem Mann, den sie liebt, und der Treue wichtig ist? Kann man denn den Zustand der ungeheuren Offenheit, von dem du sprichst, tatsächlich leben und dabei sozusagen eine ‚normale Frau' bleiben? Wie lebt ein tantrischer Meister oder Aspirant? Wie lassen sich denn sexuelle Wünsche ausleben, die man vielleicht für andere Frauen, andere Männer hegt?"

Das ist eine interessante Frage; denn sie macht vielen Leuten zu schaffen. Man denkt oft – und mir selber erging es anfangs auch so –, ein dermaßen unbedingter Weg sei in einem gewöhnlichen Gesellschaftsrahmen gar nicht lebbar. Ich glaubte, ein Tantriker müsse, um seinen Weg überhaupt praktizieren zu können, allein leben und sich immer für alles offen halten. Abhinavagupta sagt schließlich: „Im Tantrismus gibt es weder Gebot noch Verbot."

Das Ideal der tantrischen Meister ist aber gerade, in der Menge aufzugehen, nicht aufzufallen. Ohne Erkennungszeichen, ohne Tarnung, ohne Isolation. Die allermeisten Meister in Kaschmir sind verheiratet und führen ein Familienleben. Das ist ihr normales Umfeld und dafür gibt es das Wort *Kula* – die Bezeichnung für den kaschmirischen Tantrismus. *Kula* bedeutet „die Familie des Tantrikers".

Die Yoginis und Yogis führen ein etwas isolierteres Leben; dies war bei meiner Meisterin Devi der Fall, die immer nur einen Schüler zurzeit unterwies. Die persönliche Beziehung ist für die kaschmirischen Meister etwas so Entscheidendes, dass sie nicht einmal Ashrams haben. Ihr Lehren findet im Familienrahmen statt. Die Schüler leben im Hause des Meisters, zusammen mit seiner Familie, die sich um sie kümmert. Manchmal wohnen sie auch in der Nähe, in einem Haus im Dorf. Tantriker sind Frauen und Männer, die eine gesellschaftliche Funktion ausüben. Sie haben eine Arbeit, machen Pläne, verfolgen Ziele. Ihre Suche findet nur innerlich statt. Niemand ahnt, dass sie Tantriker sind. Nichts zeichnet sie aus. Desgleichen die Meister. Es gibt zwar auch tantrische Großmeister, aber nur die wenigsten Tantriker kennen sie, so sehr halten sie sich im Verborgenen. Einer von ihnen hat z.B. sein Leben als Bettler an einem festen Platz vor dem Hauptpostamt von Bombay verbracht. Das war sein Beruf. Abends scharten sich dann ein paar Schüler um ihn. Er hieß Nisargadatha Maharaj und war Verkäufer von Beedies, diesen winzigen indischen Zigaretten, gefertigt aus einem gerollten Eukalyptusblatt. Und während er lehrte, bediente er nebenher seine Kunden – die dann hin und wieder Schüler von ihm wurden. Interessanterweise kann man beobachten, dass Yoginis und Yogis oft mit ihrem Partner zusammenleben. Wir kennen genügend Beispiele von historischen Meistern, die sich von einer Yogini unterweisen ließen. Sie lebten und übten gemeinsam, manchmal ihr ganzes Leben lang, wie Naropa und Nigouma, wie Saraha und seine Yogini, die Pfeilmacherin.

Abhinavagupta widmet die erste Strophe seines *Tantraloka* dem Lob der Familie. „Unsterbliche Familie, mit nichts zu vergleichen, Frucht der strahlenden Natur, der Vereinigung des Paares, geformt aus dem Vater mit seinem Glückseligkeitskörper und seinen fünf Gesichtern, Sitz aller Herrlichkeit, sowie der Mutter, deren Glanz sich in nie endenden, stets sich verjüngenden Ausschüttungen in der Energie reiner Schöpferkraft auflöst: Entzünde mein Herz restlos!"

Und etwas später erweist er einem seiner zahlreichen Meister folgendermaßen die Ehre: „Ruhm und Ehre sei Sambhunatha, dem Unvergleichlichen, begleitet von seiner beseligten Gattin..." Ein paar Strophen weiter: „Folgendes lehrt euch Abhinavagupta, der im Glanz des Gedenkens erstrahlt (...), welches er für die Reihe seiner Meister unterhält, beginnend bei den Lotusfüßen Bhattanathas und der verehrenswürdigen Dame Bhattakarika, seiner Partnerin."[23]

Man sieht: Die Texte unterschlagen keineswegs auch die erleuchteten Shaktis, die ihr Leben an der Seite eines Meisters verbringen. Also hat ein Leben als Tantriker nichts mit einer Abkehr von der Gesellschaft oder mit einer Verweigerung jeglicher Bindung zwischen Mann und Frau zu tun. Nur spielt sich alles auf einer sehr viel feinstofflicheren Ebene ab. Es versteht sich von selbst, dass sich ein Leben in der Gesellschaft nicht ohne Planung abspielen kann und die Verwirklichung von Zielen unumgänglich ist. Wofür einem die tantrische Arbeit die Augen öffnet, ist eine zunehmende Vertrautheit mit dem, was man selber in Wirklichkeit ist: das Zusammenspiel von Zellen und Organen im eigenen Innern und die Zusammenhänge und Antriebsquellen der eigenen Bewegungen, Körperprozesse, Gedanken, Wünsche und Gefühle.

Mach dir klar, dass wir hier nichts anderes tun, als das beobachten und verstehen, was ist. Wenn du also in einer Familie lebst, dann beobachte dich und verstehe dich eben in diesem Rahmen. Wenn du allein lebst, sorgst du für mehr Klarheit im Rahmen des Alleinseins. Dann stellt sich mit der Zeit Spontaneität ein und die offenbart dir das Leben dann so, wie es ist. Das alles kann nur von deiner eigenen Wirklichkeit ausgehen. Dein Leben im Hier und Jetzt wird sich ebenso auf deine Beziehungen mit deinen Liebsten wie mit deinen Mitarbeitern auswirken. Je mehr du ein Ohr für dich selbst entwickelst, desto mehr Ohr hast du für andere.

Wer im jetzigen Augenblick lebt, findet zur Harmonie – und was hätte eine Familie nötiger als Harmonie? Wenn du im Hier und Jetzt lebst, wirst du deinen Nächsten genau dieselbe Freiheit zugestehen wie dir selbst. Wenn wir hier von einer „nackten Aufmerksamkeit ohne Absichten“ reden, heißt das ja nicht, dass man keine Pläne macht, sondern lediglich, dass man allem den nötigen Spielraum einräumt, um zur eigenen Form zu finden. Also nichts einer Absicht zu unterwerfen, die uns nur alle beide einengt. Man lebt selber im Augenblick und gestattet somit auch dem anderen, aus seiner Grundfreiheit heraus zu handeln, ebenfalls im Augenblick zu leben. Auf diese Weise als Paar zusammenleben, ist eine pausenlose und fantastische Herausforderung.

Und Treue, die vielen Leuten Kopfschmerzen macht, ist überhaupt kein Problem. Je voller du dein Leben lebst, desto mehr wird sich dein Verlangen in ein ständiges Erschauern verwandeln, mit oder ohne Gegenstand. Dieser Schauer wird von dir ausgehen, von deiner Bewusstheit, von deinem Herzen und wird den Durst deiner Nächsten ebenso stillen wie den aller anderen, die deinen Weg kreuzen. Selbst die Leute, die in einem Bus neben dir sitzen, werden etwas davon haben.

Je mehr du deinen Durst an deiner eigenen Quelle stillst, desto mehr verschwindet alle Unzufriedenheit und folglich alle äußeren Anforderungen, denn jetzt ernährt sich dieser Schauer der Verliebtheit aus der Gesamtheit des Lebens. Ab jetzt brauchen keine Löcher mehr gestopft werden, denn was dich nunmehr erfüllt ist die bedingungslose Intensität deines Sehnens. Keine Spur mehr von Besitzansprüchen, Verführungswünschen, bodenloser Leere, ewiger Unzufriedenheit.

Merkwürdigerweise wirst du sehen, dass sich dieses Sehnen, je entflammter es ist, desto weniger auf Wunschobjekte richtet, man also auch keine Misserfolge mehr zu vertuschen braucht. Genau das wissen die Tantriker, aber genau das wird durch das verbreitete Missverständnis geleugnet, demzufolge der Tantrismus nur etwas für sexbesessene Egoisten sei.

Gerade die Tatsache, dass du ausgerechnet durch deine Erfüllung zur Befreiung findest, führt dazu, dass du außergewöhnliche Beziehungen zu anderen Menschen eingehen kannst und zwar wirklich herzliche und sinnliche, die Geist und Körper in ihrer Gesamtheit einbeziehen und die in keine Schublade passen.

Durch diese Beziehungen machst du dann die Entdeckung, dass du mit jedem wahren Blick, mit jeder tiefen Berührung deines entspannten Körpers das Wesen des Tantrismus vermittelst und empfängst – mit anderen Worten: jene authentische menschliche Präsenz, die Frieden ausstrahlt und sinnlich befriedigt.

Dein Sehnen wird sich nun auf eine ganz neue Weise mitteilen wollen und zwar unentwegt. Die gewohnten Energiestaus, die nur durch eine orgasmische Entladung zur Ruhe kommt, bleiben einfach aus. Jetzt hast du Zugang zu einer Sphäre gefunden, wo du ununterbrochen damit beschäftigt bist, Liebe zu machen und dich mit der gesamten Menschheit zu vergnügen. Da wird gar kein Raum mehr sein für das, was wir so Abenteuer, nennen, dann lebst du bereits das „Große Abenteuer" – und das endet nie. Und so sieht das Leben eines Praktizierenden, eines Tantrikers, einer Yogini, eines Meisters aus.

21

Die Lieder der Dakini: Das große Geheimnis

Die Dakini Nigouma, Gefährtin und Meisterin von Naropa, besingt in ihrem Gedicht das *Mahamudra,* das „Große Siegel“ bzw. die letzte Stufe der Einweihung im tibetischen Buddhismus der *Kagyu*-Schule sowie in den kaschmirischen Schulen. Im *Mahamudra* wird der Zustand des endgültigen und natürlichen Erwachens des Geistes in einer Weise beschrieben, die dem *Dzogchen* bzw. der „Großen Vollendung“ sehr nahe kommt:

„Tu nichts mit dem Geist, was es auch sein mag –
Verweile in einem authentischen, natürlichen Zustand.
Der eigene Geist, unerschütterlich, ist Wirklichkeit.
So zu meditieren, ohne zu schwanken, ist der Schlüssel.

Erfahre die große (Wirklichkeit) jenseits der Extreme.

In einem klaren Ozean steigen Blasen auf und platzen.
Ebenso sind die Gedanken
Nicht von der höchsten Wirklichkeit verschieden.
Also beanstande nichts, bleibe gelassen.
Was immer erscheinen mag, was auch geschieht,
Greif nicht – lass auf der Stelle los.
Erscheinungen, Klänge, Objekte sind der eigene Geist.
Es gibt nichts außer dem Geist.
Der Geist geht über Geburt und Tod hinaus.
Die Natur des Geistes, reines Gewahrsein,
Nutzt zwar die Objekte der fünf Sinne
Schweift aber niemals von der Wirklichkeit ab.
Im Zustand des kosmischen Gleichgewichts
Ist nichts aufzugeben, nichts zu üben,
Weder Meditation noch Nach-Meditation.“ [24]

Wenn wir einem authentischen Meister begegnen machen wir die einzigartige Erfahrung, auf einen Menschen zu treffen, der nichts von uns will, der nichts ablehnt und nichts nimmt – ja – der uns nicht einmal zur Befreiung führen will. Dieser Kontakt lässt in uns das Verlangen entstehen, selber dieses Fließen zu erlangen, das wir in dem uns vorgehaltenen Spiegel erkannt haben. Ein Meister ist nichts anderes als der Spiegel unserer eigenen Freiheit. In seiner vollkommenen Entspanntheit und Geistesoffenheit kennt er keine Projektionen, lässt er jeden Augenblick in seiner ganzen Fülle an sich Revue passieren und sich bis in alle Fasern davon berühren, ohne dass der Verstand seinen Kommentar dazu abgibt. Er erlebt alles so, wie es ist, in seiner ursprünglichen Dichte und Dauer, ohne etwas hinzuzufügen oder zu retuschieren, ohne zuzupacken oder sich abzukehren. Ein Meister ist immerzu da, zu bedingungsloser Liebe bereit.

Die Dakini, die die Körper wieder zum Leben erweckt, singt:

„Lass dich nicht ablenken und meditiere nicht.
So vorzugehen ist das Geeignetste.
Wenn die Myriaden von Erfahrungen
Keinerlei Spur mehr hinterlassen, welche Herrlichkeit!
So vorzugehen ist die Befreiung.
Kye Ho! Wunderbar!
Die große Frische der Achtsamkeit ist der Königsweg.
Keine Notwendigkeit, irgend wohin zu gehen, das ist das Reich des So-Seins.[25]
Keine Notwendigkeit zu praktizieren, alles wird mühelos vollendet
Ah! Glücklich sind alle, die dieses Yoga praktizieren!“[26]

Wie aber kann jemand der einfach ein vollständiger Mensch sein möchte, mitsamt allen Facetten seiner Körperlichkeit, seines Geistes und seiner Gefühle, sich dem annähern?

Wenn wir uns bemühen, so oft wie möglich offen zu sein für die gegenwärtige Realität, werden wir mit dieser Realität mal in Berührung kommen und mal nicht. Nach und nach werden wir so ein Gespür dafür entwickeln, wie die Dinge in der Tiefe ihres So-Seins beschaffen sind, auch ohne dass sich unser Verstand einschaltet. Wenn wir ab und zu tatsächlich in diesem geistigen Freiraum leben – mal hier ein paar Augenblicke, mal da ein paar Augenblicke – wird sich unser ganzer Körper-Geist-Komplex immer spontaner der Präsenz zuwenden, ganz einfach weil er gemerkt hat, dass es nichts gibt, was ihm eine tiefere Befriedigung und Freude bereiten kann.

Je mehr wir auf den Geschmack der Wirklichkeit kommen, desto mehr entdecken wir, dass unsere Präsenz sich auf die Gesamtheit unserer geistigen und physiologischen Automatismen erstreckt. Wir werden zusehends allergischer gegen die unvorstellbaren Massen von Parasiten, die wir in Bezug auf die unverstellte Wirklichkeit erzeugen. Im selben Augenblick wird sich auch unsere Haltung spontan und sachte verändern.

Unser eigenes Bewusstsein wird uns enthüllen, wie wir am Leben vorbeileben; und auf diese Art und Weise machen wir uns keine neuen Verhaltensweisen und kein neues Ideal zu Eigen – andernfalls würden wir uns ja nur wieder hinter irgendwelchen Vorstellungen verschanzen. Nein, wir beobachten, ohne zu werten, und mit diesem Klarblick bringen wir Licht in unser Verhalten und sorgen dafür, dass wir wie von selbst damit aufhören, uns auf unserem Lebensweg zu behindern. Die ganze Befreiung besteht einfach nur darin, dass wir genau beobachten, dass und wie wir uns selber Steine in den Weg legen.

Wer sich danach sehnt in vollen Zügen zu leben, braucht also nichts weiter zu tun, als ohne jeden inneren Kommentar die Automatismen zu beobachten, die ihn hindern, die Schauer des Lebens am eigenen Leibe zu erfahren. Einzig und allein dieses Beobachten ist der Schlüssel zu unserer Freiheit. Er erfordert eine ungeteilte und stille, an kein Motiv gebundene Aufmerksamkeit. Eine Achtsamkeit, die leicht und beweglich, spielerisch und katzenhaft ist, mit jener absoluten Entspannung, die dem Sprung einer Raubkatze vorausgeht. Oft vergleicht man die Yoginis und Yogis mit Tigerinnen und Tigern, auf deren Fellen sie bisweilen meditieren, denn sie besitzen die gleiche Lebendigkeit.

Nach und nach werden wir sehen, dass dieses Spiel unsere Beziehung mit anderen Menschen völlig verändert. Endlich werden wir einfach nur da sein, ohne Erwartung und Vorsatz, ohne Angst, ohne das Bedürfnis etwas in Besitz zu nehmen oder zurückzuweisen. Wir werden dann jenen tiefen Frieden empfinden, der sich in einem empfindsamen Körper ausbreitet – eine uneingeschränkte Offenheit und Aufnahmebereitschaft für den andern. Jetzt können sich die beiden Instrumente aufeinander einstimmen zu einem bebenden Gleichklang.

Alle Sinnesorgane werden in Schwingung geraten und ohne jeden mentalen Kommentar die Schwingung des Anderen auffangen können. In dieser Stille ist nichts vorgeplant und darf alles so lange währen, wie es eben währt, wird keinerlei Versuch unternommen, etwas zu verstärken oder hinauszuzögern. Es ist einfach nur eine Bewegung, ein Dahinströmen und eine Fülle, deren innewohnende Wirklichkeit, durch nichts verlängert oder verkürzt werden kann. Das spontane Auftauchen von Handlungen, Taten, Bewegungen und Gesten wird dann von einer ungeahnten Anmut begleitet sein – von einem Zauber, der um so realler wirkt, als er beweglich und frei ist.

Haben wir erst einmal von dieser Art Kommunikation gekostet, dann verstehen wir auch, bis zu welchem Grade sie uns die fundamentale Freiheit aller Menschen offenbart. Dann werden wir ganz natürlich alles dazu tun, sie in all unsere Beziehungen einfließen zu lassen, ganz einfach, weil wir in jenen Augenblicken der Ekstase erlebt haben, dass wir sowohl Wesen als auch Objekt sind. Danach kann keine Rede mehr sein von „Beziehung zum Anderen". Jetzt waltet das, was die Tantriker die Präsenz gegenüber der Wirklichkeit nennen.

Bhaskara beschreibt uns dies in seinem Kommentar zu den *Shiva Sutras* mit den folgenden Worten: „Unsere Sinne haben die Macht, wie uns die Erfahrung lehrt, diese neue Schöpfung entstehen zu lassen, gestützt durch die innewohnende Kraft des Bewusstseins. Das ist so, weil die Macht unserer Sinne aus der Kraft der Versenkung ins Selbst herrührt."

22

Die Welt betrachten

Die Funktion des Sehens ist außerordentlich komplex; sie nimmt einen beträchtlichen Teil unseres Gehirns in Anspruch. Das Auge ist ein Wunder an Feinheit. Die Moleküle der Netzhaut registrieren noch die leisesten Lichtzuckungen und das Gehirn steuert Farbe, Bewegung, Perspektive, Bildtiefe, Struktur und Form bei und gestaltet uns so die sichtbare Welt.

Unser Sehen geht selbst noch bei geschlossenen Augen weiter. Der Trraum und die Vorstellungkraft gaukeln uns Dinge vor, die das Auge nicht wahrnehmen kann. Das Gedächtnis vermag eindrucksvolle Bilder wieder aufleben zu lassen. Die Yogis benutzen die Visualisierungen, um das Yoga der Überlieferung zu praktizieren oder auch jenes der verschiedenen Gottheiten, in die sie sich im Verlauf verschiedener *Sadhanas* verwandeln. Die Tibeter haben das Visualisieren zu einer hochgradigen Kunst verfeinert. Die Yogis erschaffen auf diese Weise imaginäre Welten in Form von Mandalas, die sie aus dem Nichts hervorzaubern und auch wieder zu nichts zerrinnen lassen können, nachdem sie sich mit der jeweiligen Gottheit identifiziert haben. Sie kreieren damit ein Symbol für das Entstehen und Verlöschen des Universums im unendlich leeren Raum.

Im kaschmirischen Tantrismus kommen Visualisierungen dagegen seltener vor; die totale Aufmerksamkeit ist auf das Bewusstsein dessen gerichtet, was unser Auge wahrnimmt. Das ästhetische Gefühl gilt als Idealsitz des Erschauerns, bei dem der ganze, in sich gesammelte Mensch den unaufhörlichen Kreis schließt, der in einem kontinuierlichen Fluß aus dem Bewusstsein aufsteigt, die Welt liebkost und mit erhöhter Intensität, wieder und wieder ins Bewusstsein zurükkehrt.

Das *Vijnanabhairava Tantra* zählt eine ganze Reihe solcher Übungen des Schauens auf. Eine der liebsten Beschäftigungen der Yoginis und Yogis betrifft den Himmel: Als Gleichnis für das Wesen des Geistes betrachten sie ihn so lange, bis es zu ihrer Verschmelzung mit dem unendlichen Raum kommt. Ich habe ganze Nächte damit verbracht, zitternd auf vereistem Boden zu liegen, mit völlig losgelassenem Körper, oft nach einem verrückten Dauerlauf mit Devi. Diese Meditation wird in der Morgen- oder Abenddämmerung praktiziert, aber auch mitten in der Nacht – den Sternen hingegeben.

Es heißt, Bodhidharma soll nach seinem Zusammenstoß mit dem Kaiser Wu neun Jahre lang vor einer Mauer in dem Kloster Shao Lin verbracht haben, sitzend in Kontemplation. Noch heute meditieren die Anhänger des *Chan* und bestimmte Zen-Schulen daher mit offenen Augen vor einer Wand. Das ist eine ausgezeichnete Übung, um seinen Geist leer zu machen von allen Formen.

• Ich mache mir die unwillkürlichen Bewegungen meiner Augen und Lider bewusst. Ich beobachte, dass ich dazu neige, ständig mit den Augenlidern zu zwinkern und damit meine Kommunikation störe. Indem ich, ohne den Blick auf einen bestimmten Punkt zu fokussieren, einfach schaue, lerne ich zu kommunizieren, der andere zu sein, das Objekt meiner Betrachtung zu sein. Ich entdecke den friedvollen Blick des Kindes wieder, das sich voller Neugier die Welt anschaut. Ich finde zum Frieden eines Schauens zurück, das überhaupt nichts will.

• Nach und nach mache ich aus jedem Lidschlag einen bewussten Akt und werde mir bewusst, wie sich das Auge ganz natürlich feucht erhält. Ich stelle fest, wie sehr sich meine Kommunikation verändert, wenn ich die anderen Menschen und die Dinge tatsächlich anschaue.

• Ich gönne meinem Blick Ruhe, indem ich mir die Zeit nehme, nichts von ihm zu verlangen. Ich lasse meinen Blick in die Welt gehen, ohne in jene Hektik zu verfallen, die nur meinen wahren Zustand vertuschen soll. Ich liebkose die verschiedenen Strukturen. Ich gestatte meinem Blick, Spiegel meines Bewusstseins zu sein.

23

Die Leidenschaft

Für die Tantrameister der verschiedensten Überlieferungen ist Leidenschaft unverzichtbarer Bestandteil jeder spirituellen Suche sowie jedes voll gelebten Lebens. Für sie ist alles Bewegung, aussenden und zurückziehen, Genuss, Kreativität, Lebensglut. Sogar wenn man sich in die Meditation begeben möchte, braucht es ihrer Meinung nach ein gewisses Maß an Anreiz (*Harsa*). Swami Laksman schreibt: „Erst wenn du dich ins Meditieren verliebst und dich ihm in rückhaltloser Begeisterung und glühendem Verlangen hingibst, wirst du das Reich der Achtsamkeit betreten können.“[27]

Man kann sagen, dass die Tantrameister einen ganz einfachen Lebensansatz haben und dass man sich ihren Empfehlungen anvertrauen kann, ohne sich einem anderen Ideal zu verschreiben als dem, mit Haut und Haar Mensch zu werden.

Man braucht nur das gesamte Spektrum seiner Möglichkeiten zu nutzen, um zutiefst mit dem Leben in Berührung zu kommen. In bestimmten Schulen geht der Einweihung in diese Einfachheit ein langes und langweiliges Training voraus, bei dem diese höchste Wahrheit nur denen offenbart wird, die mit Erfolg viele Jahre der *Sadhana* hinter sich gebracht haben.

Im kaschmirischen Tantrismus, so wie ihn meine Meisterin Lalita Devi lehrt, wird man dagegen sofort in die wahre Natur des Geistes eingeweiht, und die Mittel durch die sie verwirklicht werden kann, werden gleich zu Beginn der Beziehung ins Spiel gebracht. Mein tibetischer Meister Kalu Rinpoché führte mich erst nach meiner Arbeit mit Devi in das *Mahamudra*, das „Große Siegel" bzw. die wahre Natur des Geistes ein. In seinem Werk „Der Weg des Buddha gemäß der tibetischen Tradition"[28] schreibt er: „In der wahren Erkenntnis von Mahamudra bewirken die Leidenschaften, des Geistes - dass er noch schöner zur Geltung kommt. Die Leidenschaften stellen das Holz dar, das ins Feuer der Weisheit gelegt wird: Je mehr es davon gibt, umso intensiver ist der Flammenschein!"

Und weiter unten heißt es:

„Tatsächlich ist das Praktizieren von Mahamudra extrem einfach und leicht; weder Visualierungsübungen noch komplizierte Techniken sind dazu erforderlich. Es gibt schlechterdings nichts zu tun; man muss seinen Geist einfach nur in seinem natürlichen Zustand belassen, so wie er ist, wie er sich zeigt, ohne Schnörkel; das ist außerordentlich einfach. Der Tradition des Mahamudra-Schreins zufolge ist Mahamudra

- zu nah um erkannt zu werden
- zu tief um erfasst zu werden
- zu einfach um geglaubt zu werden

- zu wunderbar, um von der Intelligenz begriffen zu werden.

Dies also sind die vier Hindernisse, die uns davon abhalten, Mahamudra zu erkennen."

Einmal sah ich verwundert zu, wie ein kaschmirischer Meister einen Schüler abwies, der allem Anschein nach ein sehr ernsthafter Sucher war. Als ich mich bei ihm nach dem Grund seiner Abweisung erkundigte, sagte er mir: „Nicht leidenschaftlich genug. Ich sehe diesen pulsierenden Grundstoff nicht, mit dem wir gerne arbeiten."

Jeder leidenschaftliche Mensch – selbst wenn seine Leidenschaft sehr unorthodox zum Ausdruck kommen sollte, etwa durch maßlose Ungezügeltheit, durch einen schwierigen Charakter, durch heftige Gefühlsausbrüche oder „ein unmögliches Benehmen" – wird durchaus den Gefallen eines Tantrameisters finden können, vorausgesetzt, hinter alledem verbirgt sich echte Großherzigkeit.

Der Fall Lallas, der großen Dichterin und kaschmirischen Meisterin des vierzehnten Jahrhunderts, ist hier typisch. Von ihrem zwölftem Lebensjahr an machte Lalla mystische Erfahrungen. Sie vollbrachte Wunder, unter anderem das, dem Zorn ihres Ehemanns zu entkommen, der ihr mit einer Keule den Schädel einschlagen wollte. Es gelang ihm aber nur den Krug zu zerbrechen, den sie gerade auf dem Kopf trug – wobei das Wasser die Form des Kruges beibehielt.

Die überschwängliche Lalla brachte ihren Guru Siddha Shrikantha dazu, sie als Schülerin anzunehmen, indem sie über einer kleinen Shivastatue defäkierte, die sich im Hause des Gurus befand. Als Shrikantha sie fragte, warum sie das getan hatte, antwortete Lalla: „Wenn Shiva überall ist, dann ist er auch auf dem Brachland, wo ich sonst immer mein Geschäft verrichte. Wenn jeder Ort geheiligt ist, ist einer so gut wie der andere." Damit überzeugte die junge Anwärterin Shrikantha, sie nach langer Wartefrist als Schülerin aufzunehmen. In einem ihrer Gedichte besingt Lalla dieses Ereignis:

„Endlich hat der Guru mich angenommen! Er hat mir gesagt:
‚Richte deine Augen nicht mehr nach außen,
Sondern auf dein Selbst.'
Seither hege ich diese Wirklichkeit in meinem Herz
Und habe angefangen unbekleidet zu tanzen!"

Später dann, nachdem Lalla das Erwachen der Kundalini erfahren hat:

„Wenn der differenzierende Geist einschläft,
Erwacht die Kundalini!
Ununterbrochen sprudelt die Quelle der fünf Sinne.
Das Wasser der ständigen Präsenz für die Welt ist süß
Und ich biete es Shiva dar.
Der nicht endende Schauer der Bewusstheit
Ist der allerhöchste Zustand."[29]

Diese herrliche Glut, diese Leidenschaft zeichnet alle Tantriker aus. Um sie zu finden, erfasst der Schüler alle Dinge, sobald sie erschauernd auftauchen, noch ehe das differenzierende Denken einzuschreiten vermag. Genau diese Taufrische aber ist es, was einen Hedonisten von einem Tantriker unterscheidet: Ersterer bleibt durch seine unersättliche Weltgier ans Ego gefesselt, Letzterer ist auf der Suche nach der tiefstmöglichen Spontaneität.

24

Leidenschaft, Ego und Freiheit

Frage: „Wie erkennt man den Unterschied zwischen einer Leidenschaft bzw. einer sinnlichen Erfahrung, die sich unter den Augen eines Yoga entfaltet und einer, die einfach nur der Genusssucht fröhnt, also ans Ego gebunden ist?", werde ich oft im Laufe der Seminare gefragt.

Sobald das Ego ins Spiel kommt, geht das mit einer Verstandcstätigkcit einher: Man greift vor, man beurteilt, man schätzt das zu erwartende Vergnügen ein, um zu wissen, ob sich dieses Vergnügen auch tatsächlich lohnt. Wir legen uns also ins Zeug, unser Verstand läuft auf Hochtouren. Wir treffen eine Wahl, wir wenden eine Strategie an, wir bemächtigen uns des begehrten Objekts, benutzen es und werfen es weg, sobald wir befriedigt sind. Das machen wir mit Menschen, mit Dingen, mit Emotionen und mit Gedanken so.

Wir ernähren uns als Raubtiere. Wir bereichern uns auf Kosten der Welt, wir verletzen, wir zeigen, dass die kranke Liebe das Sagen hat.

Was macht dagegen der Tantriker? Jeder auftretende Reiz ist für ihn nichts als Ausdruck seines eigenen inneren Erschauerns. Er entspannt sich, stimmt sich ein, macht sich empfänglich, lässt der Quelle des Herzens ungehindert ihren Lauf. Jede Bewegung ist Ausdruck seiner Glückseligkeit. Sein Geist bleibt still und ohne Wellen. In jedem leidenschaftlichen Pulsieren erkennt er das Erschauern seines eigenen Bewusstseins. Er genießt die Welt ohne ihre Harmonie zu zerstören. Er hält nichts fest, häuft nichts an. Taucht ein Gegenstand oder ein Mensch auf so tritt er ihm mit ungeteilter Präsenz entgegen. Verschwindet dieser Gegenstand oder Mensch, so verbleibt er weiter im Fluss der Gegenwart, aufmerksam für den ganz und gar neuen Glanz dessen, was ihm nun erscheint. Nichts gerinnt, er klammert sich an nichts. Unaufhörlich erneuert sich so sein Leben und nie greift sein friedvoller Geist in den Lauf der Dinge ein. Er verharrt in dem natürlichen Zustand des Geistes, den ihm sein Meister offenbart hat. Unerschütterlich und erschauernd, empfindsam und gegenwärtig, spielt er absichtslos im Takt der Wirklichkeit mit und verwirklicht auf diese Weise sein wahres Wesen in jeden Augenblick.

Aber ist das nicht eine egoistische Einstellung? Wo bleibt in diesem Verhalten das Mitgefühl?

Man kann einem anderen Menschen nichts Besseres antun, als ihm seine ungeteilte Aufmerksamkeit zuteil werden zu lassen, frei von allen Hintergedanken. Wovon ihm da nämlich deine pure Präsenz eine Kostprobe gibt, ist der eigentliche

Raum von Freiheit. Im Spiegel dieser Hochachtung vor dem anderen wird er nicht den Schatten einer Absicht spüren. Hierin kann der andere seine eigene Freiheit wieder erkennen und sehen, dass zwischen ihm und der Welt kein Unterschied ist. Genau das heißt Liebe. Die Tantriker nehmen das Wort Mitgefühl praktisch nie in den Mund, denn in ihm schwingt eine leicht herablassende Dualität mit. Wohingegen das Wort Liebe ein nichts ausgrenzender Begriff ist.

Wer sich in dieser Weise geliebt fühlt, fühlt sich von jeglicher Gedankenaktivität befreit und sieht sich unversehens in die tiefste Yoga-Praxis versetzt. Gelingt es ihm, einen Geschmack dieses Zustandes zu erhaschen, wird ihm die Sehnsucht nach dem Einssein wieder erweckt und er gleitet ganz natürlich in eine immer stillere und tiefere Präsenz gegenüber der Welt. Was könnte man einem Menschen mehr geben als dies?

Aber steht die buddhistische Idealgestalt des Bodhisattva nicht dafür, dass man sich so lange weigert ins Nirvana einzugehen, bis alle anderen Menschen ebenfalls dort angelangt sind?

Für den Bodhisattva gibt es keinen Unterschied zwischen *Nirvana* (Befreiung) und *Samsara* (Welt). Für ihn bedeutet das *Nirvana* so viel wie „volle Bewusstheit der Wirklichkeit". Es gibt also für ihn keinen Ort wohin er gehen und noch weniger worauf er warten sollte, weil es keine Dualität gibt zwischen weltlicher Erfahrung und *Nirvana.* Und genauso wenig gibt es einen Unterschied zwischen einem Bodhisattva und dem der seiner Hilfe bedürfte.

Und diese Unterschiedslosigkeit zwischen den Zuständen von *Nirvana* und *Samsara*, diese Unterschiedslosigkeit zwischen allen Lebewesen, diese Unterschiedslosigkeit zwischen

Subjekt und Objekt, ist genau das, was die Menschen befreit. Für den Bodhisattva geschieht alles im Bewusstsein der absoluten Natur.

„Dieses Bewusstsein ist weder verknüpft noch unverknüpft mit Anziehung, Abneigung, Verwirrung oder Hindernissen. Daher erstrahlt es in seinem eigenen reinsten Glanz“, lautet ein Sutra.

Kann man also sagen, dass es einem Lernenden gestattet ist, sich Genüssen hinzugeben? Sagen nicht manche Meister, man müsse seine Begierden und Leidenschaften abschneiden, um zum Erwachen zu gelangen?

Wenn du meinst, dass du dich von deinen Begierden und Leidenschaften abschneiden sollst, dann mach's. Steck deine ganze Energie in diesen Vorsatz und prüfe nach einer Weile, ob deine Begierden und Leidenschaften in dir erloschen sind. Nimm die Situation genau unter die Lupe: Bist du zur Glückseligkeit gelangt? Hast du dich von deinen Begierden und Leidenschaften freimachen können? Mach eine Runde durch die Stadt, komm aus deinem Schneckenhäuschen heraus, spazier durch die Gegend und schau dir die Welt an. Bist du tatsächlich frei von allen Gelüsten und Leidenschaften? Dann prüfe nach, was inzwischen aus deiner Empfänglichkeit geworden ist. Ist sie gewachsen oder ist sie im Gegenteil verkümmert? Stellst du fest, dass dir bestimmte Körpersignale – in Stimme, Empfindungen, Gefühlen und Gelüsten anderer Leute peinlich sind? Hast du zu einer unerschütterlichen Freude gefunden? Bist du vom Leben entzückt? Hat dein Blick, dein Körper, dein Geist keinen Anflug von Trockenheit mehr?

Wenn dem so ist, wenn nichts dich mehr aus der Ruhe bringen kann, dann hat es geklappt. Aber der Weg dahin ist extrem schwierig. Man-an, ein Zen-Meister des siebzehnten Jahrhunderts, sagt in Anlehnung an eine Gedichtstrophe von Seng t'san, dem dritten *Chan*-Patriarchen: „Wenn du den Weg zur Einheit finden möchtest, dann lege dich nicht mit den Objekten der sechs Sinne an (wobei der Geist der „sechste Sinn“ ist). Was aber nicht heißt, dass du dich den Objekten der sechs Sinne überlassen sollst, sondern dass du andauernd bei voller Bewusstheit bleiben sollst, ohne dich der Objekte der sechs Sinne im Trubel des Alltagslebens zu bemächtigen noch dich ihnen zu entziehen. Sei wie eine Ente, die ins Wasser taucht ohne sich das Gefieder zu netzen. Wenn du dagegen die Objekte der sechs Sinne verachtest und sie zu meiden suchst, wirst du in die Verneinung verfallen und darum niemals den Weg zur Buddhaschaft finden. Wenn du die Essenz klar im Blick behältst, dann geraten die Gegenstände der sechs Sinne selber zur Meditation, werden die sinnlichen Begierden selber zum Weg der Einheit und offenbart sich das Wirkliche. Mit Eintritt in die große Unerschütterlichkeit des Zen, ungeteilt in Bewegung und Ruhe, sind Körper wie Geist befreit und wohlauf. Was aber die betrifft, die sich spiritueller Praktiken befleißigen, weil sie die Objekte und Begierden der Sinne ablehnen, so werden sie, selbst wenn ihr Geist leer und ihre Gedanken reglos sind und ihre Vorstellungswelt makellos durchsichtig ist, im selben Augenblick, da sie ihre Abgeschiedenheit verlassen und auf eine aktive Situation stoßen, wie Fische ohne Wasser, wie Affen ohne Bäume sein.“[30]

Aber der andere Weg, nämlich der, die eigenen Begierden und Leidenschaften mit in die Suche einzubeziehen, ist nicht minder riskant. Denn er erfordert, dass du dir vollkommen klar machst, was du wirklich bist, ohne Anlehnung an irgendwelche Vorstellungen, wie du gern wärst. Erst durch dieses geduldige Prüfen lernst du dich kennen und deine Wirklichkeit entdecken. Dazu musst du all deine psychischen Mechanismen, all deine sinnlichen Regungen, all dein Denken und Fühlen ans Licht bringen.

Statt dich also auf ein Ziel zu versteifen wie das, dich von allen Begierden zu befreien – was selbst wieder eine Begierde ist –, betrittst du dann eine Art jungfräulichen Raum, wo dir Schritt für Schritt die grundsätzliche Freiheit deines Bewusstseins aufgehen wird. Indem du in den Fluss des Lebens steigst, wirst du die freudige, ja strahlende Erfahrung machen, von der die tantrischen Meister sprechen. Endlich wirst du offen sein für die Wirklichkeit, statt für deine Ziele, und inmitten dieser Wirklichkeit ohne Schatten und ohne Masken wirst du Schritt für Schritt das Unendliche entdecken. Dann wirst du nur noch Liebe und Quelle sein. „Alles was fließt, ist gut!“, habe ich irgendwo einmal jemand sagen hören.

25

Der Eintritt ins Reich der Wirklichkeit oder eine kosmische Sinnlichkeit

„Die fünf Gegenstände der Sinne machen den riesigen Kosmos aus. In diesem gesamten Wissen liegt die Essenz. Dieses Yoga ist die Befreiung“ – heißt es in der *Kaula Upanishad*.[31] Diese absolute Sicht stellt zugleich einer allumfassenden Sicht der Existenz dar. Diese Form des Yoga, in dem Sinne, Gefühle, Geist und Körper zu ihrer brüderlichen Ausgewogenheit zurückfinden, besteht darin, dass wir selbst zutiefst ins Leben eintauchen und unsere Hemmungen und Begrenzungen überwinden. Die leiseste energetische Anbindung an das Ego transformiert diese subtile und göttliche Erfahrungsvielfalt zu Fesseln, mit denen wir uns erfolglos herumschlagen werden.

Abhinavagupta vermittelt uns in seinem Kommentar zum

Paratrimsika eine sehr tiefe Vorstellung davon, was die tantrischen Meister unter einer Befreiung verstehen, die sich durch die Öffnung all unserer Sinne und unserer Sexualität einstellt.[32]

„Alles was durch unsere äußeren wie inneren Sinne zieht, ist eine Form des Bewusstseins, eine Art Lebensatem, der über den Hauptkanal alle Körperglieder belebt, in dieser Erscheinungsform aber Energie genannt wird. All diese Sinneswahrnehmungen – Tasten, Sehen, Riechen, Schmecken und Hören – sind in uns angesiedelt und beleben alle Glieder. Diese Energie ist, da sie nicht von unseren Empfindungen zu trennen ist, eine Kraft, die erneut durch die Kanäle des Tastens, Sehens, Riechens, Schmeckens und Hörens eindringt. Durch die Glut ihrer Nährkraft entfachen sie das Feuer des Begehrens, welches wiederum auf einer Erschütterung dieser inneren Kraft beruht.[33]

Musik, eine Liebkosung oder welcher Sinneseindruck auch immer, etwa der Anblick einer Farbe, können Auslöser dieser Art von Erschütterung sein, zumindest für Menschen, die intensiv Nahrung aus dieser Kraftquelle, dieser Erschütterung ziehen. Da alles miteinander verflochten ist, kann diese Erschütterung auch von einer Erinnerung oder einem Bild ausgelöst werden; sie wird dann aus den unendlichen Tönen gespeist, die latent in diesem inneren Sinn wohnen, der aus allem besteht. Allein diese große Kraft, Summe der ganzen Welt, vermag in ihrer Fülle und Reife zu nähren und zu gebären. Wenn diese Kraft noch nicht zur vollen Entfaltung gelangt oder schon im Abklingen ist, wie in Kindern und Alten, kann sie nichts ausrichten.

Von Natur aus ist diese Erschütterung der Kraft von einem Gefühl der Freiheit und Beseligung begleitet, denn diese unteilbare Kraft, diese Freiheit, die das eigentliche Bewusstsein darstellt, das sind wir selbst. Verkörpert wird sie in der Form des schrecklichen Bhairava in seiner Machtfülle. Diese Kraft besteht aus dem „Großen Gedanken", einer weder in Zeit noch Raum zu messenden Bewegung. Und diese Freiheit ist die Quelle des Vergnügens. Wenn die durch die Augen wahrgenommene Farbe Ursache von Genuss ist, dann passiert dies dank der Separation von der großen Ausstrahlung[34], die aus der Erschütterung der Urkraft besteht. Ebenso verhält es sich mit einem melodischen Lied oder jedem anderen Wohlklang, den das Ohr wahrnimmt. Dasselbe gilt auch für alle anderen Sinne, nämlich dass alles, was in uns eindringt, einzig und allein auf sich selbst bezogen bleibt, es jedenfalls nicht schafft, zur vollen Ausschüttung der Freude zu gelangen.[35]

Menschen, die nicht an diese nährende Kraftquelle angeschlossen sind, die mithin weder die Trunkenheit noch die Seligkeit kennen, die diese Erschütterung ausmacht, sind wie Steine. Weder das Bild einer schönen Frau, nicht einmal der schönsten, noch das zarteste und lieblichste Lied von den Lippen eines kleinen Kindes vermag solche Menschen glücklich zu machen. Und je weniger sie von diese Kraft genährt werden, desto begrenzter ist ihre Fähigkeit zur Freude.

Ein völliger Mangel an Freude ist praktisch gar kein Leben – während die ästhetische Empfänglichkeit eines Menschen mit Herz, der in den intensiven Genuss dieser Freude eintaucht, auf der Erschütterung durch diese Kraft beruht. Nur der, dessen Herz von dieser unerschöpflichen Nährkraft gespeist wird, nur der, der gewohnt ist solche Freuden zu suchen, empfängt auch *par excellence* diese Fähigkeit des Entzückens. (...)

Wo immer sich die bhairavische Standfestigkeit Shivas zeigt, frei von allen Schwankungen, transzendiert sie jegliche

Zugehörigkeit. Sie besteht darauf, dass das Atmen in den Sinneskanälen in einem einzigen Punkt konzentriert sein muss. Nur so kann man bis in den zentralen Energiekanal, *Shushumna* vordringen – und so einen Zustand der Identität mit dem Pulsieren der eigenen Kräfte erreichen, ausgelöst durch den Wegfall der Vielfalt. Dann ist man bei der höchsten Lust angelangt, also beim eigentlichen Selbst, beim Geist in seiner Vollkommenheit, aus allen Nähten platzend. (...)"

Im gewöhnlichen Leben, wo im Moment der sexuellen Vereinigung jeder diese Erfahrung machen kann, ist man sozusagen wie von dieser Samenkraft gestützt. Ganz und gar identisch geworden mit dem Kanal der Mitte, erfährt man nunmehr einen Genuss jenseits jeglicher Polarität. Man empfindet eine Lust, die von einem inneren taktilen Empfinden herrührt, eben jene Erschütterung, die von der Vollkommenheit ursprünglicher Kraft ausgeht.

Dieser ganze Vorgang beschränkt sich nicht nur auf unseren irdischen Körper (*Kalpita*); vielmehr kann man sich bei entsprechender Unterweisung und genügend Erfahrung mithilfe dieser Übungen in den erwähnten Zustand der Standfestigkeit versetzen. (...) Ihrer Natur nach ist sie die höchste Göttin, nämlich Ausstrahlung, Freiheit und Glückseligkeit. Sie rührt her aus der Vereinigung von Shiva und Shakti im *Brahman* – der letzten Unendlichkeit. „Möge der Starke sich dieser Ausschüttung weihen..." [35]

„Die intensive Erinnerung an den Genuss[36], den uns eine Frau durch ihre Bewegungen, ihre Küsse, die Nähe ihres Körpers geschenkt hat, überflutet uns, oh Göttin, mit einer Welle der Glückseligkeit."

Dieser Kontakt mit der Frau, intensiv nachvollzogen und im „Kanal der Mitte" reflektiert – der unerschaffen ist und aus der höchsten Kraft besteht[37]– spiegelt sich im Bereich der

Geschlechtsorgane wieder. Schon die Vorstellung genügt bereits, auch ohne den tatsächlichen Kontakt mit einer Frau, um die Erschütterung der Kraft auszulösen, und zwar genau auf Grund einer solchen taktilen innerer Berührung. „Der Genuss, den uns der Kontakt mit einer Frau verschafft, weckt die Glückseligkeit; und dieses Hochgefühl der Unendlichkeit *(Brahman)* ist eine autonome Wirklichkeit, die in unserem eigenen Innern zu Hause ist."[38]

26

Das Sexualritual: Maithuna und der „Weg der Linken Hand“

Bei den tantrischen Zusammenkünften in Kaschmir sitzen die Schüler, die das sexuelle Ritual vollziehen, zur Linken des Meisters, die anderen zu seiner Rechten – von daher der Ausdruck „Weg der Linken Hand“ bzw. „Weg der Rechten Hand“. Da alle im Kreis sitzen, gibt es einen Augenblick, da die Linke nicht mehr von der Rechten zu unterscheiden ist. So werden im übertragenen Sinn diejenigen, die bei dieser Gelegenheit die so genannten „drei Ms“ praktizieren, d.h. Fleisch verzehren (*Mamsa*), sowie Alkohol oder Halluzinogene zu sich nehmen (*Madya*), und den Akt der sexuellen Vereinigung vollziehen (*Maithuna*), als „Schüler der linken Hand bezeichnet“. Aber allgemein lässt sich sagen, dass ein authentischer Meister mit allem arbeitet, was da ist, und dass selbst jemand, der seine Einweihung ohne das sexuelle Ritual empfangen hat, als „Schüler der Linken Hand“ bezeichnet werden kann, sofern er all seine intensiven Empfindungen und Gefühle mit auf dem Wege einbringt, und dass auch der sanfteste Meister noch ein Meister der linken Hand sein kann, sofern er den Schüler dazu bringt sich seiner Urangst zu stellen.

Wenn ich vor Devi saß, hatte ich stets das Gefühl, dass sie das gesamte Spektrum menschlicher Möglichkeiten auf einmal genoss und dass sich meine Initiation ständig auf beiden Wegen abspielte, manchmal im sekundenschnellen Wechsel. Das ist auch die Art und Weise, wie ich mich bemühe das Gelernte weiterzugeben.

Im Grunde genommen stammen aber derlei Schubladen von puritanischen Akademikern, die diese Dualität nur zu dem Zweck erfunden haben, um den „Weg der Linken Hand“ zu verdammen. Mit der Realität haben sie jedenfalls nichts zu tun. Die meisten tantrischen Meister zählen sich zur „Schule der Linken Hand“, selbst wenn sie in Keuschheit leben.

Über das Ritual des Maithuna sind Ströme von Tinte geflossen, aber Westler, die von einem authentischen Meister darin initiiert worden sind, kann man mit der Lupe suchen. So wie ich sie empfangen habe, bestand diese Initiation, wie der Leser aus den Zitaten Abhinavaguptas schließen kann, im Erschauern sämtlicher Sinne bei ihrer Rückkehr zu ihrem Ursprung, d.h. zum Bewusstsein. Für uns gibt es keinen Unterschied zwischen einer sexuellen, d.h. genitalen Beziehung und unserer sinnlichen Beziehung zu der uns umgebenden Wirklichkeit. Wenn die Meister bisweilen von der „Großen Vereinigung“ sprechen, bezieht sich das zwar manchmal auf die sexuelle Vereinigung, wie im Falle der

Strophen 69, 70 und 71 des *Vijnanabhairava Tantra*; oft aber ist mit „Große Vereinigung" die Verschmelzung der Masse unserer Sinneswahrnehmungen mit der Welt gemeint. So heißt es etwa im *Vatulanatha Sutra*[39]: „Die große Vereinigung ist Folge der Verschmelzung der Sinne mit ihren Objekten."

Für den Tantriker führt die Sinnestätigkeit nicht zum Bewusstsein hin sondern entspringt ihm, kehrt dann aber zu ihm zurück, nachdem sie sich mit dem Objekt vereinigt hat. Nichts kommt von außen.

Das Bewusstsein fließt wie eine Quelle in die Welt hinein, berührt sie zutiefst in ihrem glühenden und bebenden Kern und kehrt wieder zu sich selbst zurück, im ewigen Kreislauf. Im Maithuna erkennt der Eingeweihte, dass diese Freiheit bereits erreicht ist und dass die Frucht des Yoga reif ist. Jedenfalls handelt es sich da nicht um ein Ritual im Sinne eines magischen Aktes, der es einem angeblich gestattet, von einem Kelch der Glückseligkeit zu nippen, der uns bis dahin vorenthalten wurde.

Um für die Initiation in Frage zu kommen, muss man erkannt haben, dass kein Objekt je das Verlangen zu stillen vermag. Dass zwar die verzehrende Sehnsucht anhält, sich alles Begehren von etwas Bestimmtem aber in Rauch aufgelöst hat. Um feierlich zu unterstreichen, dass dieses Loslassen stattgefunden hat, kann der Meister dem Schüler die Initiation oder die Transmission von Maithuna gewähren (oder auch nicht) denn der Schüler begegnet ihm nun auf derselben Stufe der Vollkommenheit. Solange noch irgendetwas fehlt findet keine Einweihung statt. Nur durch die schmale Pforte des *Samadhi* – dieses fortwährenden Erschauerns – findet man Zutritt zu Maithuna. Denn diese Vereinigung ist nur das Symbol dafür, dass die Vereinigung des Tantrikers mit dem Universum stattgefunden hat.

Viele Meister gewähren die Einweihung übrigens nur auf dem Wege eines Blicks, eines Wachtraums, eines nicht-genitalen Kontakts, der Stimme oder des Geistes. Die Sexualität spielt hier keinerlei Schlüsselrolle und hat ebenso viel Wert wie jede andere Sinneswahrnehmung: Ein Ort des Bewusstseins unter vielen. Übrigens befassen sich nur vier von den hundertzwanzig oder hundertdreissig Meditationsmethoden des *Vijnanabhairava Tantra* mit Maithuna; das illustriert den Stellenwert der Sexualität, so wie wir sie für gewöhnlich verstehen – im Gesamtkontext.

Auf praktischer Ebene ist es eine tiefe Entspannung der Atmung, die dazu führt, dass der Unterschied zwischen Meister und Schüler erlischt. In dem Augenblick wird dies Einssein mit der Großen Vereinigung gefeiert. Dann bedarf es zum Orgasmus nicht mehr der Entspannung durch Ejakulation, denn nunmehr hat der Tantriker die weibliche Energie absorbiert.

Übrigens betrachten die Tantriker eine Frau, die nicht offen für die Welt ist, vom energetischen Standpunkt als einen Mann. Mit anderen Worten: auf der Ebene der Energie existiert nur die Frau – die Präsenz der Shakti.

Das tantrische Ideal ist die Aufhebung der Dualität zwischen Mann und Frau in Glückseligkeit. Oft wird Shiva als Hermaphrodit dargestellt. Entscheidend ist: Man muss genau verstehen, dass sich das Bewusstsein nicht entschleiern lässt, indem man es traktiert – z.B. mit energetischen Techniken, mit Agitation, Gestikulationen, pseudo-schamanischen Tänzen und all den modischen Leckerbissen des „Tuns", wie man sie im Westen unter dem Namen Tantra verkauft, sondern indem man die gegenstandslose Liebe langsam und sanft auftauchen lässt. Sie wartet nur geduldig darauf, dass wir endlich aufhören, hinter dem Unerreichbaren herzuhecheln.

Wer wahrhaft in der Tiefe sucht, der ist nicht auf die sexuelle Vereinigung mit der Person erpicht, deren Schüler er ist, sondern auf die Entschleierung seines Selbst. Das sexuelle Verlangen nach dem Meister oder der Meisterin – das ich zutiefst und intensivst kennen gelernt habe – ist nichts weiter als eine schöne Wegstrecke beim Ablegen seiner Fixierungen. Man muss sie durchlaufen mit klarem Blick und ohne anzuhalten. Ein Sich-Einlassen auf den Akt mit einem Schüler, der auf dem Wege zur Vollendung ist, könnte zum kompletten Stillstand führen.

Wenn es keine Tabus mehr gibt, weder Puritanismus noch Machthunger, noch den Dünkel ein Meister sein zu wollen, noch eine Begrenzung, kommt es erst gar nicht zum Akt, bleibt alles bei Harmonie, Anmut und Spontaneität. Devi hat mich dieses totale Glühen erleben lassen – und genau dieses lässt Maithuna erstrahlen.

Wenn die meisten einschlägigen Autoren um den heißen Brei des geheimen „Rituals der Großen Vereinigung“ herum reden, ohne ein klares Bild vermitteln zu können, was es denn überhaupt damit auf sich hat, dann einfach deshalb, weil es ihnen an der entsprechenden Erfahrung mangelt. Und weil es ohne diese Erfahrung schwierig wird, durch den Dschungel der Texte zu finden, zumal sie meist nur eine andeutende oder symbolische Sprache sprechen. Auch sind die „Tantras“ selber, also die Urtexte, oft keine große Hilfe, denn sie lassen alle möglichen Interpretationen zu.

Im realen Kontext der Einweihung können, sobald man die Praktiken des „Yoga der Präsenz“ richtig beherrscht und sobald man zur Präsenz des *Samadhi* bzw. zur vorbehaltlosen Offenheit für die Wirklichkeit gelangt ist, die Vorbereitungsarbeiten für die sexuelle Initiation stattfinden. Die Initiation spielt sich in mehreren Etappen ab, jeweils verschieden für Frauen und Männer. Dass dieses Training sich ziemlich lange hinzieht, geht auf die Bewusstmachung der bis dahin unbewussten körperlichen Vorgänge zurück. Es kommt darauf an, dieses unbekannte Terrain der Ekstase von verschiedenen Seiten her vorsichtig zu erforschen. Sobald sich diese Bewusstwerdung auch auf die gewohnten sexuellen Beziehungen erstreckt, werden spezielle Übungen angewandt, um zur yogischen Ekstase zu finden.

27

Der tantrische Orgasmus für Frauen

Man setzt sich im Schneidersitz hin und beginnt langsam und sachte zu atmen, begleitet von folgenden Beckenbewegungen: Beim Einatmen kippt man das Becken nach hinten und entspannt dabei völlig den Bauch, und beim Ausatmen kippt man es nach vorne, während die Luft entweicht und der Bauch eingezogen wird. Devi sagte, man könne sich, um die Bewegung richtig auszuführen, in die Rolle der Shakti versetzen, die sich mit einem völlig reglosen *Lingam* vereinigt, den sie mit dieser sanften und andauernden Bewegung in sich hineingleiten lässt. Diese Atmung ist wesentlich, denn beim Ritual der Vereinigung spielt sie eine große Rolle, und zwar mit dem Partner abwechselnd. Dann macht man sich die tiefer liegenden Muskeln bewusst und entspannt gleichzeitig den Unterleib, die Oberschenkel sowie die Muskeln um Schambein, Vagina und Anus herum. Wirbelsäule, Nacken, Arme und Hände werden ebenso entspannt wie Kiefer, Lippen, Zunge und Augen.

Man liegt ausgestreckt und mit gespreizten Beinen da, atmet sanft und während man mit totaller Aufmerksamkeit im Becken verweilt, nimmt man die Wellenbewegung wahr, die über die Wirbelsäule hinunter bis zum Steißbein läuft.

Drei Sekunden lang Luft holen, dabei den Anus ganz vorsichtig zusammenziehen und beim Ausatmen wieder entspannen. Das Ganze dreimal.

Zieht man ihn etwas kräftiger zusammen, kann man spüren, wie sich bei gleich bleibender Atmung der ganze muskuläre Bereich ausdehnt.

Jetzt wird das Zusammenziehen immer tiefer und die Atmung immer mehr in die Länge gezogen – zwölf Mal. Nunmehr spürt man den gesamten Dammbereich und die Vaginalmuskel.

Der Damm liegt im Schnittpunkt einer Acht: Oben die Vaginalmuskeln, unten die Analmuskeln. Die vorausgegangenen Kontraktionen haben beide Zonen in Schwingung versetzt. Nach und nach wird es möglich sein, jeden Einzelnen der acht Muskeln dieser Zone zu unterscheiden.

Nach dem Ausatmen die Dauer der Kontraktion allmählich steigern: erst auf fünf, dann zehn, fünfzehn, zwanzig Sekunden. Anschließend wieder völlig entspannen und ganz sanft atmen, während das Becken sich weiter bewegt. Durch diese Kontraktion entsteht in all diesen Muskeln bis hin zum Steißbein eine sehr angenehme Wärme, Schwingung und Stimulation. Immer darauf achten, dass auf jede Kontraktion eine tiefe Entspannung folgt.

Nach und nach kann man so die Vaginalmuskeln und Analmuskeln einzeln unterscheiden, und das Gespür dringt tiefer in Richtung Muttermund und wird sich schließlich bis hin zu den Windungen der Scheide erstrecken, eine Art Abfolge zusammenhängender Ringe, die sich ganz allmählich zusammenziehen, wie eine Welle, die in Richtung Muttermund verebbt und dann wieder anschwillt, rhythmisch bewegt durch die Atmung.

Die Bearbeitung dieser Muskeln erfordert Zeit und häufige, wenn auch nur kurze Übungen. Je entspannter der Körper im Augenblick des Übens ist, desto mehr bringt es.

Die Frau braucht den Orgasmus nicht erst einzuüben. Denn am Ende werden gleich reihenweise Orgasmen Yogini wie Yogi zum Gipfel einer reglosen Ekstase und eines andauernden Erschauerns führen.

Das Allerwichtigste hier ist zu begreifen, dass diese Übungen nicht dazu dienen, das Bewusstsein zu erlangen, sondern dass das Bewusstsein zuerst kommt, der „Arbeit" vorausgeht.

Gewisse Meister weihen die Frauen schon gleich zu Anfang ihres spirituellen Weges in diese Praktiken ein. Denn sie wirken sich vorteilhaft auf das System aller Körperfunktionen aus und beleben den gesamten urogenitalen Trakt. Sie führen auch zu mehr Ausgewogenheit. Sobald ein junges Mädchen also ihre erste Menstruation bekommt, kann es damit anfangen, selbst wenn es später nie sexuelles Yoga praktizieren wird.

Diese Arbeit wird getragen von einer ständigen Wahrnehmung der Bauchmuskeln und der Atemwege. Sich ständig seiner Atmung bewusst zu sein, ist die Grundlage für alle Praktiken im Rahmen des Yogas der Präsenz für die Wirklichkeit.

Im Gegensatz zu allem, was sich in den gewohnten sexuellen Beziehungen abspielt, wo sich die Erregung mit der beschleunigten Atmung immer mehr steigert, lehrt der

Tantrismus, die Vereinigung damit zu beginnen, sich in dieser Beschleunigung gehen zu lassen und erst später, nach den ersten Orgasmen in eine größere Intensität einzutauchen, indem der Atemrhythmus der zwischen den beiden Partnern hin- und hergeht allmählich verlangsamt wird.

28

Der tantrische Orgasmus für Männer

Die Arbeit ist dieselbe; doch kommt hier eines hinzu: die Trennung von Orgasmus und Ejakulation. Die meisten Autoren sprechen in diesem Zusammenhang davon, dass die Ejakulation zu kontrollieren ist; dabei geht es ganz im Gegenteil darum, jegliche Kontrolle in einer zutiefst entspannten Atmung aufzugeben.

Viele kaschmirische Meister und Meisterinnen, darunter Devi, bedienen sich hierbei der Massage als eine Art Yoga. Dank der Versenkung des Massierenden lässt sich der Massierte nach und nach völlig los – während sich zugleich eine wunderbare Körperbewusstheit breit macht, begleitet von großer Frische und Spontaneität. Hier haben wir es mit einer der Schönheiten des kaschmirischen Weges zu tun, nämlich dass der Körper ohne Unterlass zum Erschauern gebracht wird, sodass sich das Bewusstsein ganz und gar des Körpers bemächtigt. Durch die Massage der Punkte, aufgereiht auf den Meridianen, entspannen sich die Atemfunktionen. Das Zwerchfell wird geschmeidig, das Tiefengewebe entkrampft sich. Die ganze Beckenregion wird dermaßen autonom und entspannt, dass man jeden Gedanken an Ejakulation allmählich vergessen kann, ohne sich dabei im Geringsten zurückzuhalten. Wer glaubt, Tantriker würden sich irgendwie zurückhalten, hat die Grundlagen nicht verstanden, nämlich dass hier alles auf völliger körperlicher wie geistiger Entspannung beruht, dass der Geist für die Dauer des Geschlechtsaktes völlig untätig bleibt und lediglich den sich rückhaltlos hingebenden Körper begleitet – die ganze Praxis der Tantriker besteht darin. Dies ist aber nur dann möglich, wenn sich das Bewusstsein zutiefst befreit über den ganzen Körper und Geist ausbreiten darf.

Wie jeder Mann weiß, führt schon der bloße Gedanke an Zurückhaltung zu einem körperlichen wie geistigen Krampf, der jede sexuelle Entfesselung vereitelt. Wer sich zurückhält befindet sich innerlich auf der Flucht vor der Frau, während diese sich hingibt. Durch diese Haltung wird die Kommunikation abgebrochen; so entsteht eine Inkongruenz, die unmerklich zur Inkongruenz auch im Begehren wird.

Wenn die Tantriker es vermocht haben, diese Feminisierung der männlichen Reflexe zu durchdenken und zu perfektionieren, dann nicht zuletzt dank der Unterweisung durch die Yoginis, die darin von allen männlichen Meistern unterstützt werden. Allen kommt es nur auf Eines an: Uns für eine anhaltende Ekstase zu öffnen, für jenes nicht endende sinnliche Erschauern – Frucht der weit geöffneten Sinne der Yoginis und Yogis. Ekstase ist für sie unser Naturzustand. All unsere energetischen Reflexe, vor allem aber die Ejakulation behindern nur dieses Strömen. Um einen Mann in den Stand zu versetzen, der Frau durch die Wellen ihrer reihenweisen Orgasmen folgen zu können, gibt es nur eine Lösung: Energetisch zur Frau werden, mit anderen Worten, sich restlos hinzugeben.

Sobald die sexuelle Erregung sich nicht mehr wie üblich ans Ego gekoppelt sieht, werden Mann und Frau vom Raum durchdrungen. Man beschreibt sie dann als „nur noch vom All bekleidet“ oder „tanzend im Azur des Himmels“. Nicht nur um anzudeuten, dass Tantriker gern nackt gehen (wie das z.B. Lalla tat), sondern auch um zu symbolisieren, dass sie innerlich nackt und zu einem leerem Raum geworden sind.

Durch das Massieren bestimmter Punkte im Schambereich, zusammen mit der Befreiung der Atempunkte im Zwerchfell- und Unterleibsbereich, kommt es zu einer so unbehinderten und langsamen Tiefenatmung, dass das Wunder des Orgasmus ohne Ejakulation geschehen kann.

Anders als üblich steht beim Vereinigungsrhythmus der Yogis die leidenschaftliche Hitze am Anfang, wo alles darauf angelegt ist, die Erregung auf den Gipfel zu treiben. Im Laufe der Vereinigung verlangsamt sich dann der Rhythmus, bis hin zum vollkommenen Stillstand. Nunmehr dient alles der Beruhigung, während die Ekstase selber zu leuchtenden Höhen aufsteigt.

Auf der praktischen Ebene überprüft die Yogini, deren Aufgabe es ist den Tantriker auf die Große Vereinigung vorzubereiten, seine Fortschritte auf dem Weg des Loslassens, indem sie ihn mit allen Mitteln sexuell stimuliert. Spätestens jetzt wird jeder, der Zurückhaltung praktiziert, entlarvt. Keine Selbstbeherrschung kann der geschickten Stimulation einer sinnlichen Frau oder Shakti standhalten.

Kommt es dennoch zur Ejakulation, ist das auch nicht weiter schlimm; denn auch dies macht sich die Yogini zu Nutze, indem sie ihren Schüler dazu anhält, sich den Vorgang der Ejakulation in der blitzschnellen Abfolge all seiner Phasen bewusst zu machen. Anfangs übt die Yogini aber auch, um der Ejakulation gegenzusteuern, Druck auf bestimmte Punkte (*Banda*) aus, die im Damm-Bereich oder zwei Fingerbreit oberhalb der rechten Brustwarze liegen. Aber das sind auch nur wieder vorläufige Kunstgriffe, um den Schüler spüren zu lassen, dass er sich ruhig ohne Selbstbeherrschung zum Orgasmus kommen lassen darf, dass es aber trotzdem nicht zur Ejakulation kommt. Das ist, jedenfalls anfangs, eine regelrechte Offenbarung für einen Mann.[40]

Die Gewohnheit, sich geistig und körperlich einfach zu entspannen und auf jedes Ziel zu verzichten wirkt nach und nach Wunder. Hat der Lernende seine Atmung vollkommen gelöst, drückt die geübte Yogini eines Tages plötzlich nicht mehr einen der Hemmpunkte, und staunend sieht er sich erst einen, dann schnell hintereinander mehrere Orgasmen bekommen, ohne Ejakulation! Wenn die Frauen oft das Bedürfnis haben eine Erholungspause einzulegen, um von einem Orgasmus zum andern kommen zu können, so werden sie nunmehr in ihrer völligen Entspannung entdecken, dass gar keine Zeit für die energetische Wiederherstellung mehr nötig ist. Beide dürfen sie ihre verschiedenen Aufstiegs-Etappen der Erregung selber abstecken, bis hin zu jenen subtilen Höhen, wo der Orgasmus sozusagen dauerhaft oder in jedem Falle sehr ausgedehnt wird, und zwar für alle beide.

Im Laufe der Nacht nehmen Yogini und Yogi in der Mitte des magischen Diagramms (*Yantra*) Platz und treten, nachdem sie einander mit rituellen Berührungen am ganzen Körper (*Nyasa*) als göttliche Inkarnation von Shakti/Shiva gehuldigt haben, in einen Zustand der Reglosigkeit ein. Ohne jede willentliche Kontraktion, sondern sich rückhaltlos dem Erschauern überlassend, verharren sie so die ganze Nacht lang in der Vereinigung.

Ist der Initiierende ein authentischer Meister, so kann diese Erfahrung im Aufsteigen der Kundalini münden – eine andere Bezeichnung für die Präsenz der Shakti in Form von Energie. Für uns, die wir in unserer Schule durch das Öffnen des Herzens und nicht durch Arbeit an den Basis-Zentren befreit werden, ist diese Erfahrung sanfter und kosmischer als alles, was von den einschlägigen Autoren beschrieben wird, die selber diese Erfahrung gemacht haben bzw. von den Erfahrungen anderer berichten.[41]

29

Das sexuelle Ritual in der Gruppe

Mehr noch als das individuelle Ritual ist das Gruppenritual zur Zielscheibe von Angriffen gemacht worden. Puritanische Akademiker und Anhänger anderer spiritueller Strömungen haben die Devise ausgeben, es handele sich da um so etwas wie eine Symbolsprache und in jedem Fall um eine unsittliche Entgleisung des tantrischen „Weges der Linken Hand", die gewissen Gruppierungen von Sektierern zuzuschreiben sei.

Um sich aber ein klares Bild vom Geist dieses Rituals machen zu können, sollte man vor allem zur Kenntnis nehmen, was Abhinavagupta in seinem *Tantraloka* darüber sagt; denn das ist das letzte Wort in Sachen kaschmirischer Shivaismus. Dann wird man erkennen, dass er diese Erfahrung auf Anhieb auf der körperlichen Ebene ansiedelt, vergrößert unter der Lupe des „Yoga der Präsenz“ und spürbar gemacht bis in jede Körperfaser hinein durch das „Yoga der Sinne“.

So ein Körper ist dann als Vehikel der obersten Gottheit frei von allem Ego. Er ist über alles Begehren, über jeden Gegenstand der Begierde hinaus somit reif für die „Große Vereinigung“, die sich im geheiligten Ritual vollzieht. Dabei vereinigen sich alle Mitglieder der spirituellen Familie (*Kula*) via den Meister mit dem unterschiedslosen Shiva/Shakti-Prinzip. Abhinavagupta zählt sich übrigens selbst zu den Anhängern des „Weges der Linken Hand“. In seinem Werk *Tantrasara* spricht er von den nicht tonangebenden Schulen, die an der Dualität fest hielten, wie z.B. die vishnuistischen Tantriker, die er als Anhänger des „Weges der Rechten Hand“ bezeichnet.[42]

Lalla, eine Meisterin und Dichterin aus dem vierzehnten Jahrhundert, verstand sich ebenfalls als Anhängerin des „Weges der Linken Hand“:

„Auf, königliche Frau,
Schicke dich an, Wein, Fleisch und Wollust zu kredenzen!
Wenn du um den höchsten Zustand weißt,
Ist alles eins geworden im Herzen der Ungeteiltheit.
Wenn du dich zum Gruppenfest der Tantriker einstellst,
Verherrlichst du den Weg der Linken Hand!“

Und Abhinavagupta schreibt Folgendes: „Die Vereinigung mit den Yoginis kann sich auf zweierlei Art und Weise vollziehen, je nachdem, ob sie der Zwangsläufigkeit des Yoga oder der Liebe entspringt. Im ersteren Fall sollte man auf ihre durchlässigen Bereiche achten; im letzteren Fall stelle man seine Kreativität unter Beweis. (...) Bei der Vereinigung mit einer Yogini stößt man notgedrungen bis zur Erkenntnis vor und dieser Tag gilt einem daher als ein Tag der Glückseligkeit. Dasselbe trifft auf die Vereinigung zwischen zwei Mitgliedern der spirituellen Familie zu.“[43]

Weiter unten wird Abhinavagupta noch deutlicher: „Das Bewusstsein, welches aus allen Dingen zusammengesetzt ist, verkrampft sich auf Grund der Unterschiede zwischen den getrennten Körpern, kehrt aber in den Zustand der Einheit, in den Zustand der Ausdehnung zurück, sobald alle Mitglieder der spirituellen Familie einander widerspiegeln. Das ganze Bündel unserer eigenen Lichtstrahlen wird im Lichte aller Teilnehmer reflektiert, einer nach dem anderen, gleich zahllosen, im ganzen Raum verteilten Spiegeln, bis im Bewusstsein aller Anwesenden – ohne jegliche Anstrengung, aber mit großer Intensität – diese allumfassende Empfindung überfließt. Aus diesem Grunde herrscht, wenn eine Gruppe von Tantrikern sich zusammenfindet, um miteinander den Tanz, die Musik, das Opfermahl, die Vereinigung im Kreise (*Chakra*) zu erleben, eine tiefe gemeinsame Freude. Als wären sie alle ein einziger Körper, nicht Einzelwesen, fühlen sie sich in Schönheit gebadet.

Bei einer solchen Kommunion erreicht das von Entzücken überflutete Bewusstsein selbst aus der individuellen Perspektive den Zustand der Einheit und somit die ganze Fülle der Glückseligkeit. Da es keinerlei Ursachen mehr gibt sich zu verkrampfen wie z.B. Eifersucht oder Hass, darf sich das Bewusstsein in solchen Augenblicken ohne Hindernisse in uneingeschränkter Seligkeit ausdehnen.

Befindet sich jedoch auch nur ein einziger Teilnehmer nicht in dieser Sammlung und Versenkung, dann nimmt das Bewusstsein Anstoß, so als wäre ihm in diesem Fremdelement etwas Löchriges oder Holpriges begegnet. Aus diesem Grunde muss darüber gewacht werden, dass für die Dauer des Rituals der Anbetung kein Gast zugelassen wird, dessen Bewusstsein zerstreut oder unfähig zur Versenkung ist, denn er würde nur Unruhe stiften. Bei der Ausübung des Gruppenrituals muss jeder Einzelne alle anwesenden Körper anbeten, da sie alle zur Fülle des Bewusstseins vorgedrungen sind und in Wirklichkeit nur einen einzigen Körper bilden."

In der Einführung zum neunundzwanzigsten Kapitel des *Tantraloka*, das dem Geheimritual gewidmet ist, verwarnt Abhinavagupta wiederholt alle Teilnehmer, die nicht die erforderlichen Eigenschaften haben sollten: „Ich beschreibe nunmehr das Geheimritual gemäß der *Kula*-Weihe. Nur Meister bzw. Lernende auf sehr hohem Niveau dürfen es ausüben." – „Nur wer alles in diesem Lichte zu sehen vermag und jeglichen Zweifel ausgemerzt hat, ist würdig an diesem Ritual teilzunehmen." – „Die *Kula*-Weihe kann auf sechs verschiedene Arten vollzogen werden, je nach den Umständen: in der äußeren Wirklichkeit, in der Energie, im Paar, im Körper, im vitalen Atem und im Geiste." – „Wer nicht zum Herzen des Bewusstseins vorgedrungen ist, dessen Sinne werden, abgeschnitten von ihrer erhabenen Quelle, jede yogische Kraft verlieren: Die leuchtenden Strahlen der Sinne erstarren, wenn ihnen der Kontakt mit dem höchsten Bewusstsein fehlt. Ihres eigentlichen Wesens beraubt, recken sie sich jener höchsten Kraftquelle entgegen."

Nachdem die Praktizierenden zunächst von den Farben, Blumen und Wohlgerüchen gekostet haben, die mit den Freuden des Tanzes und der Musik einher gehen, sowie maßvoll die im Brahmanismus verbotenen Nahrungsmittel Alkohol und Fleisch verzehrt haben, üben sie nunmehr das Yoga der Überlieferung und ehren „jene Meister und Shaktis, die sich ohne konkreten Körper miteinander vergnügen" und die man sich frei im Raum schwebend vorstellt. Daraufhin zieht der Meister die Linien eines Mandalas auf den Fußboden, in dessen Innerem die vergöttlichten Teilnehmer Platz nehmen. Unter Anstimmen eines Tones (*Mantras*) und der Berührung verschiedener Körperteile – Kopf, Kehle, Brust, Nabel, Geschlecht, Knie und Füße – verwandelt sich jeder Zoll des Körpers in einen göttlichen Leib.

Dann, „trunken von Nektar und Hitze, die eigenen Säfte auskostend, deren köstlicher Geschmack aus allen Nähten platzt, findet diese Sättigung ihren Ruhepol, indem sie sich ins Selbst ergießt. Durch die ihnen dargebotenen spezifischen Reize verschmelzen die Sinne – Fühlen, Schmecken, Riechen, Hören und Sehen – zu einem Strom, der sich über die Ufer tretend ausbreitet, und durch die Fülle der sekundären Energieräder verströmt sich stürmisch und mit einem machtvollen Ruck der Herr des Zentralen Energierades (des Bewusstseins)." [44]

30

Gibt es den tantrischen Weg für den westlichen Menschen?

Unser Wunsch, in den Genuss der Segnungen einer tausendjährigen Praxis zu kommen, kann nicht Gegenstand eines Kuhhandels mit dem Absoluten sein. Durchaus möglich, dass es uns gar nicht darauf ankommt, jenen Zustand der Mystiker zu erlangen, zu Ekstase, Frieden oder Freude, sondern dass wir uns einfach nur wünschen, mehr Fülle und Tiefe in unsere Beziehungen zur Welt und unseren Mitmenschen zu bringen. Selbst wenn wir uns nur dies zum Ziel setzen, was ja auch schon eine gewisse Größe hat, sind wir damit bereits angehende Tantriker; denn wir werden bald merken, dass sich diese beiden Ziele in nichts unterscheiden.

Sobald wir uns für die Welt öffnen, findet in uns eine tiefe Transformation statt, die unser ganzes körperliches wie geistiges Dasein berührt. Unsere Atmung wird sich entspannen und voll entfalten, der Körper wird sich lockern und dem Leben zuwenden, jeder unserer Sinne wird seine herrliche Funktion wiedergewinnen und uns damit helfen die trostlosen Einöden unserer Weltvergessenheit zu durchqueren. Schon die ebenso einfache wie wesentliche Motivation, dem alten Trott zu entrinnen, genügt als Voraussetzung: „Nichts wie raus aus diesem ständigen Teufelskreis von Elend und Fehlern, die uns immer wieder dasselbe Leid einbrocken!“ Kurz, es reicht schon, die Nase voll zu haben, um uns langsam aber sicher in Richtung einer inneren Lebenserfahrung von unabsehbarem Reichtum zu bewegen.

Und der Westler ist bestens gerüstet dies mit Erfolg zu tun. Er kennt all die verheerenden Folgen eines Lebensstandards, nach dem sich der Osten erst noch die Finger leckt. In gewisser Hinsicht ist es unsere Chance, dass wir soviele Träume bereits ausgeträumt haben und auf einen Art zum Ausgangspunkt zurückgekehrt sind. So haben wir jetzt Gelegenheit einmal nachzuschauen, ob uns das Leben nicht vielleicht noch tiefere Schichten zu bieten hat – vorausgesetzt freilich, wir schminken uns unsere Konsumgewohnheiten ab.

Der Tantrismus ist ein ausgezeichneter Lebensansatz und für die Menschen des Westens bestens geeignet. Denn sie sind erschöpft von den Jahrhunderte langen Dogmatismen, den Glaubenskämpfen und allgegenwärtigen Zwängen. Unsere Sehnsucht nach Freiheit ist all ihrer Illusionen beraubt. Wir sind bereit den religiösen oder sektiererischen Institutionen, die im gnadenlosen Kampf um Macht um uns herum grassieren, unser Vertrauen aufzukündigen. Wir sind jetzt so weit, uns auf allen Spielfeldern Gehör zu verschaffen. Das Ei des individuellen Bewusstseins will endlich schlüpfen. Denn nur mit ihm kann sich endlich ein kollektives Bewusstsein herauskristallisieren. Wir haben die nötige persönliche Reife erlangt, um die Früchte unserer Suche auch in die Tat umzusetzen.

Es lässt sich durchaus ein Weg finden, der frei ist von allen Anzeichen des religiösen oder sektiererischen Fanatismus, und ebenso können wir es schaffen, dass dieser Weg in jedem Augenblick unseres Lebens einfließt. Wir brauchen dazu nur die Gottheit, den Tempel und den Anbeter in einem einzigen Körper zu vereinigen – unserem eigenen.

Eine leichte und spielerische Bemühung genügt bereits, um ohne große Schwierigkeiten der allgemeinen Unbewusstheit zu entfliehen, hin zu den lichten Momenten des Hier und Jetzt, und so werden wir nach und nach immer mehr Appetit darauf bekommen, weiter in diese Richtung zu gehen. Sobald diese lichten Momente des Hier und Jetzt im Meer unserer Abwesenheit auftauchen, merken wir wie gut uns diese Präsenz tut. Sobald uns diese Praktiken Spaß machen werden, ist die Zeit nicht mehr fern, da wir uns endgültig von diesem Automatismus verabschieden.

Die tantrische Praxis ist extrem kreativ; sie gründet zu Beginn nur auf dem freien Erforschen der Präsenz, je nachdem, welche persönlichen Sehnsüchte jeder hat. In der vierundsiebzigsten Strophe des *Vijnanabhairava Tantra* heißt es: „Wo immer du Befriedigung findest, wird dir das Wesen der höchsten Seligkeit offenbart werden, sofern du ohne geistige Schwankungen an diesem Ort verharrst.“ [45]

Diese Ankoppelung unserer täglichen Erfahrung, mitten in der gesellschaftlichen Wirklichkeit, an das Göttliche, eben „die höchste Glückseligkeit“, gehört zu den schöpferischen Großtaten des Tantrismus. Hier wird der Mensch durch keinerlei Herabsetzung seiner Alltagserfahrung zerrissen in seinen normalen Lebensbereich und seine spirituellen Bestrebungen. Nichts mehr ist trivial, alles darf heilig sein, sofern nur keine geistigen Schwankungen unsere entspannte Aufmerksamkeit trüben. Das ist der springende Punkt: Präsenz ist nicht vereinbar mit Grübelei.

Man muss das Leben im allerersten Augenblick beim Schopfe packen, so wie es aufgetaucht ist, in der leuchtenden Präsenz von *Buddhi* – reiner Intelligenz, jenseits aller Fallen von Überlegung, Widerspruch, Wahl und unterscheidender Urteilskraft. Und wenn uns dieses Beim-Schopfe-Packen der Wirklichkeit dann tatsächlich jene Heiterkeit einträgt, nach der wir uns sehnen, dann nur, weil uns der Stillstand des Geistes das Tor zu Spontaneität und Anmut, zum Fließen und zur Freude aufstößt. Wenn die tantrischen Meister sich gerne als *Sahajiya* beschreiben, d.h. als „spontane, erwachte Wesen", dann deshalb, weil sie den Rahmen aller Vorstellungen von Rein und Unrein, Heilig und Profan gesprengt haben. Alles ist Schauer und indem sie zu erschauernden Wesen werden, öffnen sie dem Leben ihr Herz.

Dieser Zustand ist jedem von uns zugänglich, da handelt es sich nicht um eine Utopie der Yogis. Im *Spandakarika,* dem „Lied des Erschauerns", einem der schönsten und tiefsten shivaitischen Texte, heißt es: „Das Erschauern, der eigentliche Ort allen Entstehens und Vergehens, ist ohne Grenzen, denn sein Wesen hat keine Form."[46]

Genau diese Unfixiertheit ist der Ort der Räumlichkeit und durch einen plötzlichen Sprung in die Tiefe unseres Selbst können wir ihn wieder finden. Begeben wir uns also geradewegs mitten in unser Alltagsleben hinein und gestatten wir unserem Bewusstsein ganz natürlich aufzutauchen und an die Stelle der Abwesenheit zu treten. Jene wenigen Sekunden, die wir unserem Leben gönnen – dreißig, fünfzig, hundert Mal am Tag – sind das Tor zur Seligkeit.

Zu Beginn meiner Übungen mit Devi hatte ich Mühe nachzuvollziehen, dass die Dinge so waren, wie sie mir diese darstellte: nah und absolut. Ich glaubte, sie wolle mir die Aufgabe nur vereinfachen, um mich in ein Stadium größerer Tiefe zu locken, das jenseits davon lag. Aber genau das ist ja das Wunder der tantrischen Praxis: Dass sie ihren Schülern von Anfang zutraut, Lehren von riesiger Tragweite zu begreifen und somit bei der Vermittlung dieser Lehren nichts verschleiert. Dieser Weg kennt keine Reihenfolge. Die Meister haben von jeher Sorge dafür getragen, dass sie von allen verstanden werden; nicht einmal Lesen und Schreiben musste man können. Diese Meister sprechen vor allem zu den Menschen ihres Umfeldes und die kommen aus allen Schichten. Sie machen weder gesellschaftliche noch kulturelle noch ethnische noch geschlechtliche Unterschiede. Bei ihren Unterweisungen werden nur auf Wunsch die philosophischen Textquellen herangezogen. In erster Linie leben sie durch ihr persönliches Beispiel vor, was sie predigen, und halten mit dem Schlüssel zu ihrer Verwirklichung nicht hinterm Berg: die nackte Achtsamkeit für die Wirklichkeit.

Somit bekommt ein Anfänger auf dem tantrischen Weg sehr schnell, ja manchmal sogar schon am ersten Tage zu spüren, dass der Lohn, also der freudige Zustand, der Raum der Befreiung, nicht Folge der praktizierten Achtsamkeit ist, sondern einfach zu ihr gehört. Ich brauche nur für egal welchen Aspekt meines Innenlebens oder egal welches Ereignis „da draußen" präsent zu sein, und auf der Stelle empfinde ich, was die Lehren versprechen: Offenheit, Entspannung, Freude, Liebe.

Ständig ist alles in Reichweite. Wir brauchen nur die Hand auszustrecken, um zutiefst mit dem Leben in Berührung zu kommen. Jedes mal, wenn dieser Kontakt zu Stande kommt, geraten wir in Schwingung, erschauern wir, gehen wir über die Form hinaus, dringen wir zum Herzen der Dinge vor und bringen wir unser eigenes Herz zum Schwingen.

Diese unentwegte Schwingung schenkt uns auf ihrem Höhepunkt das Gefühl der Lebendigkeit und der Kommunikation mit allem, was sich in unserer Reichweite befindet. Unsere Sinne wachen auf aus ihrer Erstarrung, sie warten jetzt nicht mehr darauf das außergewöhnliche Ereignisse sie aufwecken. Sie finden ihre Kindheit und Jugend wieder, wo die Welt ihre Fähigkeit mitzuschwingen in einem fort in gang hält. Alle, die sich auf dem Wege der Spontaneität befinden, wissen zutiefst um dieses pulsierende Leben.

Was sich dem westlichen Menschen allerdings als Haupthindernis in den Weg stellen wird, ist die Tatsache, dass alles, was da in unser Industriegesellschaft als Tantra daherkommt, nur ein Ersatz ist, verzerrt und aller wesentlichen Grundzüge entkleidet, um unsere oberflächlichsten Sehnsüchte nach Vergnügen zu ködern. Glaubt man den Illustrierten, so soll Tantra ein sofort wirksames Genussmittel sein, ebenso illusorisch wie gekünstelt, eine vage Mischung aus Therapien der Sechzigerjahre und einer orientalisch angehauchten Spiritualität.

In dem Buch von Éric Baret[47] heißt es: „Das, was dich im tiefsten Grunde ausmacht, ist kein Objekt der Sinneswahrnehmung und somit auch nicht auffindbar, weder durch Drogen oder Sex noch irgendeine Sekte oder Religion. Es geht auch nicht darum, den Intellekt auszuschalten – frustriert werden kann immer nur der, der in Erwartungen lebt. Dieser Drang etwas tun zu müssen, sich vom Denken zu befreien und was es dergleichen Kindereien mehr gibt, beweist nur, dass es an Orientierung fehlt. Auf diesem Wege geht es lediglich darum zu lernen, zu einer tiefen Vertrautheit mit sich selbst zu finden. Dazu muss man sich erst mal Achtung angewöhnen: Im selben Maße, wie du deiner Umwelt Achtung entgegenbringst in all ihren Ausdrucksformen, achtest du auch deine Grenzen und deine ganz persönlichen psychischen wie körperlichen Gegebenheiten. Hier haben irgendwelche Transformationsfantasien nichts zu suchen: Dieses oder Jenes werden wollen, dieses oder jenes Ereignis auf physischer oder psychischer Ebene erreichen wollen. Du registrierst einfach nur die Art, wie du funktionierst, deinen Intellekt, deine Gefühlswelt. Wenn du ohne Absicht hinhörst, aus reiner Liebe zum hinhören, macht sich Klarheit breit, entsteht mehr Raum, beginnst du zu atmen. Alles andere ergibt sich von selbst. ‚Achte und Liebe das, was du bist', steht über dem Tor geschrieben. Wer auf dem tantrischen Wege eine Antwort sucht, der sollte sich nichts vormachen. Die rituellen Praktiken, die der Tantrismus vorschreibt, ob der kaschmirische oder andere, sind allein denen vorbehalten, deren Denken und Wahrnehmen schon enorm geläutert sind. Jede Karikatur von Praktiken dieser Art, mehr oder weniger zum Zwecke der Ausbeutung der Sexualität inszeniert, um da noch etwas mehr rauszuholen… – gehört in die psychologische, ja psychopathische Ecke. Die Sexualität und ihre emotionalen Verästelungen sind nur für die profane Welt von Belang."

Heute aber haben wir den Vorteil, dass uns der Zugang zum authentischen Geist des Tantrismus offen steht, dank der Pionierarbeiten von Leuten wie Lilian Silburn, Ajeet Mokerjee, Arthur Avalon, Swami Laksman Ji, Alain Daniélou, Swami Muktananda, und aufgegriffen durch eine neue Generation von Suchern, darunter aufgeklärte Tantriker wie Navjivan Rastogi, Mark Dyczkowski, Paul Eduardo Müller-Ortega oder Éric Baret.

Wir können wählen zwischen dem tibetischen, hinduistischen, kaschmirischen, japanischen, balinesischen oder chinesischen Tantrismus. Tantrische Traditionen wie z.B. die der *Naths* sind heute noch in Nepal, Assam, Bengalen und selbst im Westen sehr lebendig. Die meisten kaschmirischen Meister haben sich aus Kaschmir, das durch Bürgerkriege zerrissenen ist, in Großstädte wie Delhi, Jamu, Benares oder nach Nepal zurückgezogen. Einige sind aber auch dort geblieben und leben in weit entlegenen Tälern in ihren Einsiedeleien.

Die Art, wie tantrische Meister unterweisen, ist so ursprünglich wie ihre Lehre selbst. Ihnen zufolge gibt es grundsätzlich keinen Unterschied zwischen Meister und Schüler, da das Bewusstsein überall ist. Es genügt, die Nebelschwaden zu vertreiben, derentwegen dieses Bewusstsein sich nicht zeigen kann. Ihre Arbeitsweise beinhaltet eine lange Ausbildung von Angesicht zu Angesicht. Zwei Einzelwesen, die sich einander in restloser innerer Entblößung zeigen.

Damit dieser persönliche und individuelle Kontakt oft genug stattfinden kann, kann jeder Meister daher nur eine begrenzte Zahl von Schülern unterweisen. Die größten Meister haben kaum mehr als zwanzig oder dreißig wirkliche Schüler. Sie leben in ihrer Familie, einige Schüler leben oft direkt bei ihnen oder wohnen in der unmittelbaren Nachbarschaft. Keiner von ihnen war bisher versucht, eine Unterweisungsstruktur zu entwickeln, die Menschen zu Hunderten oder gar Tausenden unmittelbar anzieht, denn bei einem derartigen Aufmarsch ginge der ganze tantrische Geschmack verloren.

Zwischen den tantrischen Meistern und ihren Schülern herrscht eine große Nähe. Alle Begegnungen spielen sich völlig unzeremoniell ab, sodass der Eindruck angeblicher Rangunterschiede gar nicht erst aufkommen kann. Tantrische

Meister halten nichts von Personenkult. Ihre Beziehungen sind direkt und einfach, sie zeigen sich so, wie sie sind, ohne jeglicher Idealisierung Vorschub zu leisten. Es ist Liebe, nicht Unterwürfigkeit oder starre Haltungen, die die Schüler auf diesem Weg transformiert – einen Weg der so formlos ist wie kein anderer. Der Schüler befreit sich, indem er sich so sieht, wie er ist – nämlich von Natur aus befreit, und zwar in dem ihm vom Meister vorgehaltenen Spiegel. Wer das Glück hat, allergisch zu sein gegen Unterwerfung, Förmlichkeiten, Dogmen, Glaubensbekenntnisse, gegen Unfehlbarkeitsansprüche und den bloßen Gedanken, isoliert von der Gesellschaft in einer künstlichen Familie zu leben, und wer sich vor allem danach sehnt, inmitten der Gesellschaft sein Leben zutiefst auszuleben, dem hat der Tantrismus etwas wunderbares zu bieten. Aber das erfordert eine gewisse Reife, sowie Unabhängigkeit und den Willen, sich nirgends anzupassen. Daran wird es wohl auch liegen, dass sich nur so wenige aufraffen können, diesen Weg zu gehen.

Wie singt doch Lalla?

„Nur wenn der kritische Verstand einschläft,
Erwacht die Kundalini!
Die Quelle der fünf Sinne sprudelt unaufhörlich.
Das Wasser der ständigen Offenheit für die Welt
Schmeckt süß und ich bringe es Shiva dar.
Das ewige Erschauern des Bewusstseins
Ist der höchste Seinszustand.“[48]

III

Fragen über:

Sexualität, Lust, Leidenschaft, Yoga, Ekstase, Liebe, Freude, Genuss, das All, die Schönheit und den Frieden des Herzens

Warum spielt der Körper im Tantra eine so entscheidende Rolle?

Ohne den Körper gäbe es keine philosophischen oder metaphysischen Fragen, gäbe es keine Kreativität, keinen Gott, keine Ekstase, kein Yoga. Der Körper hat das Absolute erzeugt. Der Körper hat das Absolute erschaffen und – indem sie zum Embryo zurückkehren – finden die Tantriker kraft des andauernd hervorsprudelnden Bewusstseins das Absolute in sich selbst.

•

Was ist überhaupt der Körper?

Raum und alles, was er enthält. Die erste Erfahrung, die

eine Yogini oder ein Yogi macht, besteht darin, dass der Körper nicht mit dem Körperbild identisch ist. Das macht sie ruhig und zutiefst entspannt, sie beginnen zu atmen, und plötzlich sind alle Begrenzungen aufgehoben! Jede Zelle integriert in sich wieder die Weite des Alls. Das bedeutet *Samadhi:* die Erfahrung der Einheit mit der Welt. Das mag nur eine ganz flüchtige Erfahrung sein, aber sie bewirkt, dass die Suche in ihr wahres Umfeld eingebunden wird: den Raum.

•

Ich habe alle möglichen spirituelle Wege ausprobiert, bei denen Frauen zugelassen waren, ich hatte jedoch nie das Gefühl, dass die Frau eine zentrale oder auch nur gleichberechtige Rolle gespielt hätte. Mit anderen Worten, ich habe noch nie den Eindruck gehabt, dass die Göttlichkeit der Frau anerkannt wurde. Überall hat sich die Frau dem Mann zu unterwerfen. Zu den Gelübden einer buddhistischen Nonne gehört es – und sie muss es in all ihrem Tun beweisen – dass selbst eine spirituell hoch entwickelte Frau auch dem unerfahrensten der Mönche Gehorsam schuldet . Sie muss mehr Gelübde ablegen als die Mönche, so als gelte es, eine verhängnisvolle Natur zu bändigen. Wie konnte der Tantrismus dieser Tendenz entrinnen?

Shiva wäre nichts ohne Shakti – also die Energie, die ihn erschauern lässt. Die Anbetung der Frau im Tantrismus geht bereits auf die tiefsten und ältesten Wurzeln dieser Bewegung zurück. Vor fünf-, sechs- oder siebentausend Jahren wurde die Frau in den meisten Kulturen angebetet. Es scheint, dass damals die Große Göttin über die ganze Welt herrschte. Selbst die Juden spalteten sich in zwei Clans: die einen ergriffen Partei für die Große Göttin, die anderen proklamierten einen männlichen Gott. Es gab also einmal eine Zeit, da es die Frau war, die die Menschen unterwies, ihnen das Licht brachte. Die tantrische Bewegung hat seit jeher die Frau angebetet; schließlich waren ihre spontansten, umstürzlerischsten Meister meist Frauen und die buddhistischen Tantriker bilden da keine Ausnahme.

Fast überall finden wir ungefähr folgende Überlieferung... nämlich dass eines schönen Morgens ein großer Gelehrter, ob er sich nun Saraha, Naropa, Luipa, Tilopa oder Marpa nennt, infolge eines Traums oder einer Vision einer Frau begegnet, meist sogar einer Unberührbaren oder Kastenlosen. Und die schafft es, kraft ihrer Präsenz und ihrer Erkenntnis, ihrer Kühnheit und ihres Humors, ihrer Respektlosigkeit und ihrer Lebensglut von einer Sekunde zur anderen ein ganzes gestrenges Gelehrtendasein in Schutt und Asche zu legen.

Und all diese verehrten Meister erkannten, dass diese Yoginis ihnen nur dazu in die Quere kamen, um ihnen über die letzte Etappe ihres Weges hinweg zu helfen. Im Bruchteil einer Sekunde also brach ihr ganzes Universum zusammen. Daraufhin folgten sie diesen Frauen, verzichteten auf den Luxus ihrer großen klösterlichen Universitäten oder Paläste, wo man sie verehrte, um auf der Straße zu leben, manchmal sogar auf Leichenverbrennungsstätten. Sie ließen sich von ihnen so lange unterweisen, bis alles integriert war und sie nun ihrerseits zum erleuchteten Wesen wurden. Diese außergewöhnlichen Frauen, die uns sowohl im shivaitisch kaschmirischen Tantrismus wie im Buddhismus begegnen, haben wieder andere Frauen geschult und diese Ahnenreihen haben sich bis auf den heutigen Tag fortgesetzt. Niemals kam es zum Bruch. Wenn wir heute eindeutig mehr Schriften von männlichen Meistern haben, dann einfach deswegen, weil die Frauen in den meisten Fällen nur spontan erfundene Lieder sangen und sich nicht darum scherten, dass sie kein anderes Erbe hinterließen als eben diese herrliche Spontaneität, an der jeder teilhaben und seinen Durst stillen konnte. Aber zurzeit ändert sich da gerade etwas: Einzelne Akademiker wie z.B. Miranda Shaw haben die wunderbare Aufgabe übernommen, diese Lieder, von denen viele erhalten blieben, wieder zu Tage zu fördern. Nach und nach wird das Gleichgewicht so wieder hergestellt. Aber das alles ist Vergangenheit. Nur eines zählt: Nämlich dass du, die du diese Frage gestellt hast, also eine Frau von heute, Zugang zu dieser Tradition hast und selber so eine Yogini werden kannst, „die mit Raum gekleidet ist."

•

Für einen Mann ist es ein wenig frustrierend, diese Ausführungen über die Überlegenheit der Frau zu hören. Was ist denn nun mit der männlichen Energie?

Es gibt keine männliche Energie. Es gibt nur das Ganze, das Allumfassende. Den tantrischen Meistern zufolge ist ein lebendiger Mann, also ein ekstatischer Mann, energetisch gesehen eine Frau. Ebenso wie ihnen zufolge eine nichtekstatische Frau energetisch gesehen ein Mann ist. Damit ist aber nicht gesagt, dass es zwischen Mann und Frau einen grundlegenden Unterschied gibt; damit ist lediglich gesagt, dass alles Pulsieren ist. Die so genannten „Tantras" sind Dialoge, Aufzeichnungen, in denen Shakti Fragen an Shiva stellt oder umgekehrt. Zu Beginn der meisten dieser Texte wird ausdrücklich klargestellt, dass Shiva und Shakti sich in liebender Vereinigung befinden, also eins sind, und dass sie sich nur trennen, um die Unterweisung zu ermöglichen. Ist diese beendet, vereinigen sie sich erneut. Ausdrücklich heißt es, dass sie „in derselben Erkenntnis" vereint sind. In der Malerei werden Shiva/Shakti als ein einziger hermaphroditischer

Körper dargestellt. Sofern sie individuell dargestellt werden, ist die Präsenz des anderen jeweils durch ein Symbol vertreten, etwa durch die Form der Schlange, der Sonne oder des Mondes.

Mach dich frei von dem Gedanken, es handele sich da tatsächlich um ein Zwiegespräch, hör auf, Sonne und Mond als Gegensatz zu betrachten: Sie könnten ohne einander nicht existieren! Stell die Gesamtheit wieder her, lass Körper und Geist wieder eins werden, indem du dich ganz der Wirklichkeit auslieferst.

•

Ich habe Jahre lang eine andere Form von Tantra praktiziert; da drehte sich alles sehr viel mehr um die Sexualität und ich muss sagen, dass mir das sehr geholfen hat. Davor hatte ich überhaupt keinen Kontakt mit meinem Körper gehabt und die Ausbildung, von der ich spreche, hat mir geholfen ihn kennen zu lernen. Ich denke, dass man allein auf dem Wege der Sexualität zur Ekstase gelangen kann, auch ohne sich mit einer mystischen oder spirituellen Lehre zu befassen, und dass das im gegebenen gesellschaftlichen Rahmen der schnellste und einfachste Weg ist. Warum in der Ferne schweifen?

Wer sucht?

Ich, ja doch, denke ich zumindest…

Und was suchst du?

Die Ekstase.

Was für eine Ekstase?

Die, die ich im Augenblick des Orgasmus erfahre.

Und die reicht dir?

Ich hätte schon gern, dass sie etwas umfassender wäre, dass sie etwas länger anhielte. Manchmal träume ich von einer Ekstase, die das ganze Leben lang anhält…

Also muss man sich mit dem ganzen Leben befassen.

Was soll das genau heißen? Könntest du etwas klarer reden, einfache Wörter gebrauchen? Ich möchte es gern verstehen!

Ich glaube, du hast bereits verstanden. Aber klären wir die Sache gemeinsam. Du sagst, du hast die Ekstase beim Liebemachen kennen gelernt...

Ja, so hab ich das oft erlebt.

Und du möchtest die Ekstase auch in anderen Situationen erleben?

Darum geht es doch, oder?

Sicher, darum geht es. Wann genau waren diese Ekstasen, die du hattest, denn vorbei?

Kurz nach dem Orgasmus.

Also war der Orgasmus die Ekstase?

Ja...

Und was war nötig, um wieder eine zu haben?

Weitere Orgasmen.

Kannst du auf eine andere Art und Weise zum Orgasmus kommen als durch Geschlechtsverkehr?

Ja, durch Masturbation.

Und was ist Masturbation?

Na, du weißt schon - man streichelt sanft sein eigenes Geschlecht...

Wenn sich dein ganzer Körper durch sanftes Atmen gelöst hat, wenn du dich ganz dieser Sanftheit hingegeben hast, wirst du entdecken, dass der Körper dieser kosmische Raum ist und dass dies Atmen die sanfteste aller Liebkosungen ist, der tiefste aller Orgasmen. Dann nistet er sich nach und nach auf Dauer ein, einfach indem du dich ständig darin übst, in der bewussten Präsenz zu sein. Man darf die Sexualität nicht isolieren und sie zum bevorzugten Vehikel der Ekstase machen, denn dein Dasein bedarf der Ganzheit, ist Ganzheit. Jede Suche, die sich nur ein Element herauspickt, um es zum

Träger der Suche zu machen, führt zu einer neurotischen Lebensführung.

Die Sexualität ist wichtig, wenn man bedenkt, dass jeder Sinneskontakt mit der Welt eine Liebesbeziehung ist. Das ist es, was uns die Yoginis gelehrt haben. Das ist es, was ich im Beisein Devis begriffen habe. Für sie war alles… ein vom Baum fallendes Blatt, eine vorüberziehende Wolke, ein Fisch im Fluss, das Gefühl der Sonne oder der Asche auf der Haut, das Wahrnehmen einer Emotion oder einer Idee… wie ein nicht endendes Liebesspiel mit der Welt. In jeder Sekunde sind wir Shiva/Shakti in liebender Einheit, in jeder Sekunde macht uns das Leben tausend Angebote zur Ekstase – die sich eine Yogini nicht entgehen lässt, da der Strom ihres Bewusstseins pausenlos die schaudernde Yoni der Welt überflutet. Diese absolute Geliebte inmitten der Banalität des Alltags zu sein, löst ein pausenloses Staunen aus. Wenn das Leben in seiner Gesamtheit von diesem Schauder durchdrungen ist, hängt die Ekstase nicht mehr mit einer bestimmten Tätigkeit zusammen: Sie strömt einfach in alles ein.

•

Ich bin homosexuell und ich möchte gern wissen, ob der Tantrismus irgendeinen Standpunkt zur Homosexualität bezieht?

Im Tantrismus wird nichts empfohlen, ist nichts verboten, gibt es kein Moralurteil – einfach weil es uns da um die volle Bewusstseinsentfaltung geht, alles Harmonie ist.

In einigen Texten, in denen es um den Körper und seine Energie geht, heißt es, dass die Sodomie eine energetische Störung sei, bei Männern wie bei Frauen. Erwähnt wird aber nicht, ob sich die Yogis und Yoginis diese Störung nicht auch zu Nutze machen können. Es ist eine einfache Feststellung.

Das Tanzen, Atmen, Schauen, Berühren und Hören erzeugt ebenfalls eine energetische und emotionale Beeinträchtigung. Es kommt einzig und allein darauf an, dem Bewusstsein im Körper immer mehr Raum zu geben, auf eine immer feiner werdende Art und Weise, und die Interessen des Begehrens mit der Welt in Einklang zu bringen, in Freiheit, Kreativität und Liebe. Manchmal stiftet die anale Penetration Frieden, manchmal Unruhe. Das hängt von der Farbe des Himmels ab, vom Hormonzyklus, vom Mond, von der Tagesform, von der Jahreszeit, von Wörtern, vom Timbre der Stimme, von der bedingungslosen Liebe, die den Körper sich bewegen und die Organe sich öffnen oder verschließen lässt. All dies zusammen genommen ist eine Kunst, ist wie der Farbenstrom, der die Leinwand des Malers bedeckt, auf Geheiß und Gnade einer von aller Absichtlichkeit befreiten Bewegung.

•

Ich würde von dir gern ein wenig mehr über die Befriedigung der Begierde hören. Wohin man schaut, scheint die Begierde der eigentliche Schlüssel unserer Sprache zu sein. Begierde ist überall. In der Kneipe, in den Illustrierten, in der Art wie man sich kleidet, wie man geht, wie man lacht: Auf allen Ebenen möchte man begehrenswert sein, möchte man verführen. Das Ganze scheint ein riesiges Spiel gegenseitiger Verführung zu sein, aber ich frage mich manchmal: Können wir sie je stillen?

Hast du das Gefühl, sie je gestillt zu haben?

Ja, manchmal, ganz flüchtig, in einfachen Dingen.

Zum Beispiel?

Heute Morgen habe ich eine Birne gegessen, köstlich saftig und duftend. Und das hat mich zutiefst befriedigt. Ich war restlos glücklich und ich glaube, da war meine Begierde gestillt.

Da hast du eine Yoga-Erfahrung gemacht. Du bist restlos

in deiner Begierde aufgegangen, hast dich vollkommen von den Eigenschaften dieser Birne vereinnahmen lassen und hast tiefen Frieden gefunden. Aber ist das immer so?

Nein… leider. Oft wird da gar nichts gestillt. Trotzdem glaube ich, dass ich ein leidenschaftlicher Mensch bin. Und ich suche viel, in allem Möglichen.

Die Yoginis und Yogis sind leidenschaftliche Leute, das ist toll! Aber warum, glaubst du, verlaufen all deine Versuche im Sande, zutiefst mit der Welt in Berührung zukommen?

Vielleicht, weil ich zerstreut bin, oder durch eine Art Unersättlichkeit. Es ist schrecklich, ich will einfach alles!

Wunderbar!

Aber was soll man machen, um dieses brodelnde Wesen in Schach zu halten und dennoch diesen Durst zu stillen? Lässt sich das überhaupt vereinbaren? Oder sollten die Tugendbolde am Ende doch Recht behalten?

Denen bist du längst entronnen.

Uff!

Die wahre Natur der Begierde besteht darin, dass man von der Intensität der Suche nach ihr völlig aufgezehrt wird. Wenn man sie, sobald sie auftaucht, sich einfach frei entfalten lässt, stellt man fest, dass sie sich selbst genügt, dass sie von ihrem eigenen anhaltenden Schauder zehrt, denn nichts sonst kann sie befriedigen. Das Begehren ist eine wunderbare Kraft; es kann aus unserem Herzen hervorquellen und sich zu einem endlosen Strom ausweiten und die Wirklichkeit, den banalen Alltag sättigen. Alles zu begehren was gerade geschieht – darin besteht das ganze spielerische und entspannte Tun der Yoginis und Yogis, damit wird ihr Durst gestillt, im ständigen Erschauern des Seins, das ist der Jubel des *Soham*, des „Ich bin“. Ich bin die Quelle der Begierde, ich bin ihre kosmische Flugbahn, ich bin ihre Erlösung… alles ist lebendig, es gibt nichts als Begehren und Zufriedenstellen in einem einzigen, gleichzeitigen Erschauern.

•

Hat dieses „Yoga ohne körperliche Übungen", das du lehrst, irgendwelche Nebenwirkungen auf unser körperliches oder seelisches Befinden?

Jede Bewegung, jeder Gedanke, jedes Gefühl, jede sinnliche Wahrnehmung wirkt sich auf unsere körperliche und geistige Gesundheit aus, denn alles ist miteinander verwoben. Selbst die Art und Weise, wie du eine Tür aufmachst, wirkt sich unmittelbar auf dein körperliches und geistiges Befinden aus. Sobald das Bewusstsein auftaucht, empfinden wir alles extrem verfeinert. Die Tatsache, dass das tantrische Yoga in nichts Anderem besteht als Bewusstseinsentfaltung in allem, was wir tun, innen wie außen, verändert für immer unser psychisches und physisches Leben.

Wenn dem so wäre, dürften Meister ja niemals krank werden!

Die Meister werden geboren und sterben. Sie erkälten sich, sie haben Knochenbrüche, haben Unfälle, schwere oder leichte Krankheiten, empfinden Schmerz, wenn man ihnen einen Körperteil abschneidet oder sie schlägt, aber sie setzen den physischen Schmerz nicht in einen psychischen Schmerz um. Sie erleben den Schmerz in seinem realen Raum/Zeit-Kontext, ohne ihn durch mentale Aktivität in die Länge zu strecken. Das können sie, weil sie es ihr ganzes Leben lang gelernt haben. Das Leben ist extrem erfinderisch, es wird immer Mittel und Wege finden, dir vor Augen zu führen, dass du immer noch ein kleines bisschen verkrampft bist, immer noch ein kleines bisschen projizierst, auf etwas wartest, angreifbar bist. Und gerade dieser ständige Dialog mit der Wirklichkeit sorgt dafür, dass du dich nicht für einen Meister hältst. Dennoch gelingt es dem einen oder anderen zum Absoluten zu gelangen und dort auch zu bleiben.

Soll das etwa heißen, dass die Leute, die man für Meister hält, die vollkommene Meisterschaft gar nicht haben?

Sie haben sie nicht, denn die suchen sie auch gar nicht. Sie akzeptieren die Wirklichkeit, sie gehen mit dem Leben mit, sie erhalten die Lektionen des Lebens und verstehen sie zumeist.

Und trotzdem vertraut man ihnen?!

Vertraue erst mal ganz und gar dir selber, deiner eigenen Fähigkeit, deinem eigenen Erwachen, deinem eigenen Bewusstsein, deinem eigenen funkelnden Rubin - und du wirst erkennen, dass es zwischen euch und den Meistern, die ihr verehrt, keinen Unterschied gibt!

Und dennoch redest du immer wieder von „leidenschaftlicher Verehrung"?

Leidenschaftliche Verehrung ist die Schöpferkraft, die es dir gestattet, deine eigene Vollkommenheit zu entdecken.

•

Alles, was du da so erzählst, geht mir ungeheuer auf die Nerven!

Wieso?

Weil du mir mitsamt deinen Yoginis und Siddhas den Buckel runter rutschen kannst. Ich hab so schon genug Probleme. Du redest ständig von unerreichbaren Dingen und ich bin hergekommen, um was über Dinge zu erfahren, die dem gewöhnlichen Sterblichen erreichbar sind. Ich hab 'nen Job, der mich anödet, einen Mann, der mich anödet, eine hässliche Wohnung, eine Hexe zur Schwiegermutter, eine kaputte Karre mit einer Panne nach der andern und obendrein rauben mir meine Freundinnen den letzten Nerv. Also tu mir bitte den Gefallen und rede zu einer Irdischen!

Was magst du, was berührt dich im Leben? (...)
Überlege mal... wenn du morgens aufwachst, was ist dein erster ruhiger oder angenehmer Moment?

Ich wag's nicht zu sagen!

Wenn du vielleicht auf der Toilette sitzt?

Ja, das mag ich gern, da fühl ich mich wohl.

Ich auch.

Dann haben wir ja wenigstens was gemeinsam.

Und weiter?

Dann muss ich warten, bis mein Mann abhaut. Der Morgen ist immer das Schlimmste. Er sagt kein einziges Wort. Erst abends macht er die Klappe auf. Wenn er weg ist, hab ich einen Augenblick für mich; ich geh nämlich erst später zur Arbeit.

Ich liebe das Duschen und vor allem das Haare waschen. Dann fühl ich mich wie reingewaschen von allem. Das ist einer der besten Momente. Danach creme ich mich am ganzen Körper ein – das tut auch gut. Dann zieh ich mich an und geh zur Arbeit. Ich brauche dort aber nur meinen Chef zu sehen und schon klapp ich zu wie 'ne Auster.

An was denkst du, wenn du dir die Haare wäschst oder dir den Körper eincremst?

Ich weiß nicht... einfach so Gedanken... irgendwas vom Job oder so.

Und wenn diese Gedanken nicht kommen, was passiert dann?

Nichts... Dann fühl ich mich wohl...

Könnte es sein, dass dein Wohlfühlen in diesen Momenten mit der Ruhe im Kopf zusammenhängt?

Mag sein, aber ich kann darum doch nicht gleich 'ne Schlafkur machen.

Das, was uns der Tantrismus oder der Buddhismus empfiehlt, ist eine Wachkur! Nämlich in den Augenblicken, wo du absolut wach bist, bist du eine Yogini!

Und wie schaff ich's, auch meinem Chef gegenüber eine Yogini zu sein?

Wie kommst du ins Büro?

Zu Fuß, ich brauch nur zwanzig Minuten

Und ist das angenehm?

Nein!

Warum nicht?

Weil ich daran denken muss, was mich erwartet.

Stell dir für einen Augenblick vor, dass du wie jeden Morgen diesen Weg gehst. Was siehst du?

Eilige und schlecht gelaunte Leute, Hunde, die auf die Bürgersteige scheißen, stinkende Autos, Schaufenster voll mit Sachen, die ich mir nicht leisten kann.

Ist auch der Himmel noch zu sehen?

Na klar.

Kommt es vor, das du zu ihm hoch schaust?

Ja. Ich weiß schon, worauf du hinaus willst. Ob ich das gern tu? Ob es schön ist, zur Sonne raufzuschauen? Okay, gebongt. Das ist schön. Und sogar die Wolken und sogar der Regen. Ich lieb es, wenn's mir ins Gesicht regnet, während alle Leute sich verkriechen und sich so zieren als würden da Eisenstangen runterfallen. Ich mag den Regen, besonders im Sommer. Und ich mag auch die Bäume. Und von Zeit zu Zeit läuft mir auch ein Junge oder Mädchen übern Weg, und die sind noch nicht ausgebufft vom Leben, und das freut mich, und von Zeit zu Zeit kauf ich mir ein Croissant und das schmeckt köstlich, und dann komm ich an einem Blumengeschäft vorbei, wo die Verkäuferin gerade die Blumen rausstellt und ich atme den Blumenduft ein, und so einmal die Woche, gönne ich mir sogar einen Strauß, und manchmal lass ich mich auch von irgendwelchen Typen anbaggern, und das gibt mir 'nen Kick, wie's so schön heißt, und die erste Zigarette, die tut auch gut. Aber Rauchen ist ja wohl nichts Tantrisches, da interessiert man sich doch nur für die feinen Sachen…

Es gibt nichts, was nicht tantrisch wäre.

Sogar eine paffen?

Wenn du's bewusst genießt, jeden Zug mit Genuss einsaugst, ist das Yoga.

Ach so, dann bin ich am Ende also eine Yogini?

Jedes Mal, wenn du ganz das bist, was du gerade machst oder fühlst oder wahrnimmst, bist du eine Yogini.

Sogar wenn ich im Kino heule?

Ja, weil du dann den Mut hast, dich deinem Gefühl zu überlassen.

Und was ist mit meinem Chef?

Was gefällt dir an ihm nicht?

Alles.

Kannst du irgendeine gute Eigenschaft von ihm sehen?

Nein... Ich glaube nicht... Er ist ein schmieriger Sadist, ein manischer, brüllender, geiler Bock. Mit Stinkfüßen... Das einzig Gute an ihm ist, dass er sich oft verpisst – um sich voll laufen zu lassen. Er ist Alkoholiker.

Wenn er nicht da ist, bist du dann glücklich?

Nein, weil ich schufte.

Was machst du?

Fotokopieren und Pakete packen. Keine sehr qualifizierte Arbeit.

Hast du schon mal die Pakete von anderen packen lassen?

Schon, aber das ist der Horror. Schlecht gefaltet, schlecht verschnürt. Fällt sofort auseinander.

Also machst du schöne Pakete.

Ja... Ich mag den Geruch von Packpapier und von Schnur. Also gut, wenn's dir Freude macht: Ich glaube sogar, dass mir das Pakete packen richtig Spaß macht. Willst du mir jetzt erzählen, dass das Yoga ist?

Ja... Ich glaube, du kannst in deiner Arbeit das finden, was man „tiefe Befriedigung" nennt.

Ach ja? Paketkünstlerin werden? Eine Yogini des Packpapiers und der Schnur?

Des Himmels und der Bäume, des sich verpissenden Chefs, eines Croissants, von Blumen, einer Pause, von einem Glas Wasser, des lauen Lüftchens, von Shampoo, Körperlotion, des Freiheitsgefühls, vom Kino und der Zigarette, des Kackens und der Blicke von Kindern und Männern. Wenn du das alles kannst, brauchst du keine Yogini zu beneiden, und je weiter du in diese Richtung gehst, desto größer wird der Bereich, wo du präsent bist. Bis irgendwann vielleicht der Tag kommt, wo dich bestimmte Seiten an deinem Mann und deinem Chef etwas tiefer berühren, und dein eigenes Aufmachen dazu führt, dass sie auch aufmachen. Aber du kannst dich auch entscheiden, dir einen anderen Job zu suchen und ein anderes Leben anzufangen. Sobald du aufmachst kommt Bewegung rein, und mit der Bewegung kommt mehr Leben rein, und mit mehr Leben die Lust an der bewussten Präsenz in der Welt.

Also, dann ist die Sache wohl doch nicht so kompliziert.

Die nötige Offenheit, um dich tiefer auf diese Erfahrung einzulassen hast du.

•

Ich habe den Eindruck, dass wir in unseren sexuellen Beziehungen und überhaupt im Leben ziemlich verloren sind, weil wir heute keine Unterstützung durch Rituale mehr haben. Wir haben alles auf den Müll geworfen, alles steht uns angeblich frei, aber in Wirklichkeit sind wir nur durcheinander. Was hältst du von Ritualen? Was ist ihre Funktion? Spielen auf dem Weg, den du lehrst, Rituale überhaupt eine Rolle?

Rituale sind im Allgemeinen kodifizierte Einweihungsakte von mehr oder weniger magischer Kraft. Wird ein Ritual im Rahmen der Vorschriften vollzogen, d.h. von jemandem, der dazu befugt ist, öffnet es neue Horizonte. Jedenfalls ist dies in den meisten Kulturen die Intention eines Rituals. Man befragt die Orakel, man legt mit Sorgfalt den Zeitpunkt fest, man bereitet die nötigen Instrumente vor, man reinigt sich und dann findet der magische Akt statt.

Die Tantriker haben da eine ganz andere Auffassung. Für uns gibt es keine magischen Akte, denn es gibt keine Dualität und keinen Vermittler. Wenn man bereits das ist, was man werden möchte, braucht man auch keinen Akt, der uns dieses angeblich unbekannte oder ferne Gebiet erschließen soll. Auch keinen Hokuspokus um den richtigen Zeitpunkt – dem Bewusstsein ist jeder Tag recht! – und keinerlei Instrumente oder Reinigung.

Dennoch gibt es Rituale im Tantrismus; dort aber spielen sie eine rein innere Rolle. Das Ritual ist dort keine Handlung, die uns mit dem Göttlichen versöhnen oder bestimmte Kräfte verleihen soll usw. Sondern es ist die Feier der Einheit, die zwischen dem Tantriker und dem Objekt seiner Aufmerksamkeit vollzogen wurde.

Das Ritual soll nichts „bringen“, sondern ist ein Fest zu Ehren eines Zustandes der Einheit, in den der Yogi getaucht ist. Überspitzt könnte man sagen, dass jede seiner Gesten ein Ritual ist, das seine Vereinigung feiert. Die Trennung zwischen Subjekt und Objekt ist dann nämlich aufgehoben und alles hängt zusammen, alles ist kosmisch, alles ist Erfüllung.

In Liebesbeziehungen gehört es zum guten Ton – zumindest bei Leuten, die sich gern unter dem Vorwand, einem spirituellen Weg zu folgen, über andere erheben möchten, eine regelrechte Inszenierung zu veranstalten, mit Räucherstäbchen, Kerzen, besonderer Beleuchtung, Musik, Feuerwerk, Düften, weichen Kissen, schillernden Farben, Edelsteinen und was es dergleichen mehr gibt. Alles schön und gut, das kann zur Entspannung verhelfen und den sexuellen Beziehungen alles Routinierte nehmen, aber das alles ist schmückendes Beiwerk.

Was dein Partner erwartet, ist zutiefst berührt zu werden – in Ehrfurcht, im Erschauern, im Spontanen und nicht Vorprogrammierten. Er will sich mit dir, im Kontakt mit deinem Körper, grenzenlos fühlen und genießen. Er möchte, dass du zu ihm wirst, und dass euer sexueller Akt zu einem großen Erstaunen wird – weil er jedes mal neu ist, nie da gewesen, ohne Vorgeschichte. Gäbe es ein bedeutenderes Ritual? Denn was da zelebriert wird, ist ein ganzes Leben, ein Kunstwerk. Das kann sich in einem Eisenbahnabteil, auf einer Parkbank, auf dem Rasen oder in einem Bett abspielen.

Wenn du dich dem andern mit dieser Vorbehaltlosigkeit näherst, werdet ihr ein sehr machtvolles Ritual vollziehen.

•

Ich glaube, ich bin sexuell verklemmt. Ich war schon in Psychotherapie und bei einer Sexologin, aber in meinem Sexualleben hat sich nichts geändert. Ich bin beim Geschlechtsverkehr extrem verspannt und ich verspüre dabei nicht die geringste Befriedigung. Ich habe, glaube ich, noch nie einen Orgasmus gehabt. Ich frage mich nun, ob mir vielleicht das, wovon du da sprichst, weiterhelfen könnte, auch wenn ich mir völlig bewusst bin, dass es da gar nicht um eine Therapie geht.

Therapien sind Sache von Spezialisten, die das beruflich machen, und die davon ausgehen, dass es so etwas wie ein „Ich" gibt. Die tantrischen Meister, die ich kennen gelernt habe, sind alles andere als Spezialisten. Sie betrachten alles von dem Standpunkt des Bewusstseins und eines ganzheitlichen Seins, unter Verzicht auf jenes „Ich", welches sich im

Hier und Jetzt auflöst. Das eine kann nicht an die Stelle des anderen treten. Und sich auf einen spirituellen Weg einzulassen, statt eine Therapie zu machen, ist keine gute Idee. Manchmal verlangen unsere Verklemmungen, dass wir einen Spezialisten zu Rate ziehen. Sollte dies Erfolg haben, dürfte man dann leichter Zugang zum spirituellen Weg *(Sadhana)* finden – und dies umso mehr, als es sich um einen Prozess handelt, der unser ganzes Leben auf den Kopf stellen wird. Solche Umstürze können sich auf einem zu dünnen Boden regelrecht verheerend auswirken.

Dies vorausgesetzt, ist ein sexuelles Problem, sobald es in seinem Gesamtzusammenhang betrachtet wird, kein sexuelles Problem mehr, sondern etwas, das auch das Innenleben eines Menschen insgesamt berührt. Und selbst wenn dieses Problem auf ein sehr gewaltsames Trauma zurück gehen sollte, zum Beispiel auf einen Missbrauch, ist es durchaus möglich, dass es im Lichte des Gesamtzusammenhangs die nötige Öffnung findet und verschwindet. Man muss sich nämlich vor Augen führen, dass bei der allumfassenden Suche eines Menschen, auf sehr sanfte Weise die emotionalen und körperlichen Stromkreise und Energieverbindungen, die aufgegeben wurden und daher nicht entwickelt werden konnten, wieder an- und verknüpft werden.

Bei den Säugetieren verbringen die Mütter sehr viel Zeit damit, ihr Neugeborenes abzulecken. Dieses Lecken mit der Zunge hat zur Folge, dass die Nervenenden in Funktion treten. Wir Menschen haben das ohne Zweifel in weit zurückliegender Zeit auch getan, denn in unserem Liebesspiel entdecken wir diese Lust wieder. Darum wirkt Körperkontakt – wovon wir ja alle nicht genug bekommen haben – so ungeheuer regenerierend. Der Umstand, dass der tantrische Ansatz keine Tabus kennt, dass dort der Körper als etwas

Edles und Reines angesehen wird und Ekel etwas ist, das sich im Laufe des spirituellen Weges *(Sadhana)* einfach verliert, führt dazu, dass sich der Körper von vornherein in seiner Ganzheit akzeptiert fühlt. Die Tantriker verehren vor allem die Frau zurzeit ihrer Menstruation, denn ihnen zufolge befindet sich die Frau dann auf dem Gipfel ihrer Weiblichkeit. Bei den tantrischen Zusammenkünften ist ihr Platz zur Rechten des Meisters; denn das Blut der Menstruation gilt als Zeichen höchster Kraftentfaltung. Die Asketen bedienen sich seiner gern, um damit die drei Striche auf der Stirn zu ziehen, die den Dreizack Shivas symbolisieren (oder die drei Kanäle des Energiekörpers oder die drei Wege usw.).

Nie und nimmer ist die Frau unrein: Ein Überschuss an Kraft belebt sie! Das zeigt uns, wie der ganze Mensch akzeptiert wird – mit seinem Körper, seinen Empfindungen und Gefühlen, seinen Gedanken, seinen Flüssigkeiten, Säften, Geweben und Substanzen, seinen Träumen und Ängsten, seinem inneren Kosmos. Allein schon durch diese bedingungslose Akzeptanz, ohne Rücksicht auf gängige gesellschaftliche Vorschriften, tut sich in jedem, der sich solchermaßen geachtet fühlt, ein ungeheurer Raum auf, in dem der Körper dann seine eigene Balance finden kann. Manchmal genügt bereits diese Akzeptanz, um ernste Probleme zu lösen und dem Menschen seine kosmische Dimension wiederzugeben. Sie vermag tiefe Verletzungen zu schließen, denn einem spiritueller Weg folgen, heißt erkennen, dass sich im Herzen eines jeden Wesens ein Freiraum ganz ohne Makel befindet, den kein Tun beschmutzen kann.

Jede Aggression liegt außerhalb der Grenzen jenes unbefleckten Juwels. Das zu fühlen gestattet es Opfern von schwerer Gewalt, wie z.B. Kinderprostitution, in ihrem tiefsten Innern zu einem Territorium zurückzufinden, das niemals beschmutzt wurde. Das verleiht enorme Kraft und eine Frische, der niemand und nichts etwas anhaben kann. Sich dieses inneren Wesenskerns bewusst zu sein ist das kostbarste Gut, das ein Mensch entdecken kann – in sich selbst, durch sich selbst.

Sobald es zu diesem Wiedererkennen und dieser tiefen Begegnung kommt, kann alles wieder zum Weg des Lebens und der Lebenslust zurückfinden. Die Begegnung mit einem Meister bringt die Gewissheit mit sich, dass man alles, was man sich immer von einem anderen erhofft hatte, in sich selbst finden kann. Und das ist etwas ungeheuer Tiefes, diese Empfindung der wiedergefundenen vollständigen Würde! Dieses Gefühl, wie da in uns der geheimste Ort unseres Daseins auftaucht, der von nichts gezeichnet ist, der einfach Liebe ist, nichts als unendlicher Raum und Erschauern. Angesichts dieses Schocks verheilen viele Wunden. Man hat nunmehr das Gefühl von Erfüllung.

Aber da droht auch eine Gefahr – und zwar die, diese Wiedergeburt dem Meister zuzuschreiben. Zu glauben, dass wir nur durch das Einschreiten unseres Meisters etwas bekommen hätten, was wir vorher nicht hatten – womit wir wieder bei der Abhängigkeit wären! Dein Meister mag noch so wunderbar sein: Mach dich frei von dem Bedürfnis ihm irgendwelche Kräfte zuzuschreiben. Nein – dies alles ist aus deinem eigenen Herzen geströmt, kein Mensch gibt dir irgendetwas, kein Mensch rührt einen Finger, um irgendetwas herbeizuführen, egal was. Die Liebe steigt aus dir empor, weil sie in dir ist. Ein Meister ist Liebe, aber er tut nichts. Es ist Liebe, die aus ihrem eigenen Erschauern entsteht und sich wie ein Fluss ergießt. Wenn du dich neben diesen Fluss setzt und dich über sein stilles Wasser beugst, wirst du nichts Anderes sehen als eine Flut der Liebe – deiner eigenen, wieder gespiegelt in der des Meisters. Jetzt hast du endlich deine eigentliche Natur entdeckt, wird Frieden in dein Herz einziehen, bist du niemandem mehr etwas schuldig, egal wem: Da ist nur noch Liebe da, und sie dehnt sich in alle Himmelsrichtungen aus.

•

Ich höre dich über Liebe sprechen, und es erfrischt mich. Aber was soll man machen, wenn man allein lebt? Kann man die Liebe finden ohne den anderen zu finden?

Das hängt einzig und allein davon ab, was für eine Vorstellung du dir von deinem Körper machst, wo du deine Grenzen siehst, wie du deine Sinneseindrücke wahrnimmst. Bist du dieser Mann, den wir ansehen können, der sich selber in einem Spiegel sehen kann, oder ist dein Körper etwas ganz Anderes? Wenn du deine Verspannungen loslässt, löst sich dein Ebenbild auf. Sobald sich dein Bild auflöst, gerät deine Wahrnehmung ins Wanken. Mal wirst du dich so riesig wie das Universum, mal geschrumpft und winzig fühlen. Du wirst das Gefühl der Riesenhaftigkeit anziehender finden, denn in dieser Ausdehnung verlierst du das Ichgefühl und das Gefühl der Abgeschnittenheit. Wenn du dich dagegen zusammengezogen und winzig fühlst, packt dich die Angst vorm Verschwinden. Aber dasselbe Gefühl bekommst du auch am Rande der Ausdehnung. Nach und nach, indem du mit dieser Angst spielst, wirst du dahinter kommen, dass da überhaupt keine Grenze ist, weder in der einen noch in der anderen Richtung. Und so verliert sich allmählich beides, die Angst vor dem endlosen Schrumpfen, wie das Festhalten der Ausdehnung, du beginnst dich als eine Masse wahrzunehmen, die frei ist von jeder Begrenzung und jeder Angst, und dann bekommst du einen Geschmack von jenem Zustand, wo keine Einsamkeit mehr existiert und du Ganzheit bist.

Und der Weg dahin?

Du bist der Weg und das Ziel.

Wie fang ich an?

Indem du eine tiefe Kommunikation mit der Wirklichkeit deines Lebens beginnst – so wie es ist.

Und wie findet man diese Fähigkeit, wie entwickelt man sie?

Indem du bei dem anfängst, was dich berührt oder ganz von selbst sich bewegt. Wenn du nur das bist, und sei's nur für ein paar Sekunden am Tag, wird sich dein Leben transformieren und die Dynamik deiner Präsenz wird mit jedem Augenblick, den du im vollen Bewusstsein dieser Wirklichkeit lebst, mehr in Gang kommen. Fang jeden Morgen mit den einfachsten Dingen an: Ein paar Schlucke Tee oder Kaffee, der Geschmack des Brötchens, ein paar Schritte auf der Straße. Einmal genüsslich tief durchatmen… So bekommt man das Absolute zu fassen…

•

Es gibt auch noch andere Sehnsüchte und Leidenschaften, wie z.B. nach Macht oder Geld; kann es sein, dass diese Kräfte, wenn sie uns packen, auch ihre positiven Seiten haben oder muss man sie ausmerzen, wenn man ernsthaft erwägt, einem spirituellen Weg zu folgen?

Da gibt es nichts auszumerzen. Das klassische Dreieck – Sex, Macht, Geld – verlangt von seinen Anhängern eine enorme Entschlossenheit, eine Menge Energie. Man muss zu Leiden bereit sein, bis hin zu dem Punkt, wo man alle Gefühle in sich abtötet. Wenn diese Kraft sich ihrer selbst und ihres wahren und tiefen Begehrens bewusst wird, nimmt sie wahr, dass diese drei Leidenschaften nur Masken sind, nur der verzerrte Ausdruck eines tieferen Bedürfnisses, nämlich geliebt und anerkannt zu werden.

Wir bilden uns ein, dass wir geliebt und erkannt werden müssen als ein völlig individuelles Wesen, das sich durch seine Größe von den gewöhnlich Sterblichen unterscheidet. Aber auch das ist nur eine Verzerrung des essentiellen Bedürfnisses, sich als ein Wesen anerkannt zu fühlen, das nicht von der Welt getrennt ist, als ein Strom der Liebe, unabhängig von einem aufgeblähten Ego.

Das Ego ist derjenige Teil im menschlichen Körper-Geist-Komplex, der sich am leichtesten aufbläht. Wir alle haben das Bedürfnis, jenseits vom Ego anerkannt und geliebt zu werden. Nur diese bedingungslose Liebe befreit die Menschen. Ist dieses Grundbedürfnis erst einmal verstanden worden, interessieren Macht, Sex und Geld so viel wie Masken nach der Karnevalszeit.

Die positive Kraft aller Leidenschaften besteht darin, dass sie uns gestatten, zur wesentlichen Quelle unseres Selbst zurückzukehren. Dann werden alle diese Leidenschaften zur Leidenschaft an sich. Dieser leidenschaftliche Antrieb lässt sich nicht anders befriedigen als durch die Entdeckung der Lebensglut des Seins. Das ist der Grund, warum die tantrischen Meister eine Vorliebe für die leidenschaftlichen Menschen haben; denn nur sie haben genug Kraft und Mut, um bis zur Quelle vorzudringen. Alle großen Heiligen in sämtlichen Traditionen sind Wesen, die absolut ihre Leidenschaft leben.

•

Kannst du uns bitte etwas über die ideale Beziehung zwischen einem Meister und einem Schüler sagen? Was spielt sich da wirklich ab und was ist im Tantrismus bei dieser Beziehung anders? Besteht da nicht die Gefahr der Unterwerfung, der Abhängigkeit?

Die ideale Beziehung zwischen Meister und Jünger ist eine leidenschaftliche – also eine, die von der ursprünglichen Leidenschaft, nämlich der für das Selbst, angetrieben wird. Es handelt sich da um eine persönliche Beziehung, um ein langes „von Angesicht zu Angesicht“, bei dem beide ihr Innerstes schonungslos offen legen – ohne das leiseste Täuschungsmanöver. Es ist eine reinigende Beziehung, die dazu führt, dass sich alle spirituellen Trugbilder auflösen, kontinuierlich eines nach dem anderen, auf der Reise zur Mitte, wo alle Unterschiede wegfallen.

Nach und nach erkennt der Jünger seine Identität mit dem Meister und dem Universum, lässt ab von seiner gradlinigen Zielstrebigkeit und gerät in eine sphärische Aufwallung, in der alle Regungen, die nicht kreisförmig, also nicht zyklisch sind, einfach verblassen und schließlich verlöschen. In dieser sphärischen Welterfahrung verschwinden all die Ablagerungen, die am Ego kleben, verwischen sich alle Unterschiede und der Mensch wird wieder Teil der kosmischen Ausdehnung.

Das Besondere am Tantrismus ist nun aber die große Freiheit im Umgang miteinander: Ohne alle Zeremonie, ohne steife Umgangsformen – reine Liebe. Wir sind nicht dazu hier, um mit vorgeschriebenen Umgangsformen Zeit zu verlieren. Alles ist direkt, einfach und ohne Protokoll. Dass grundsätzlich kein Wert auf Rangunterschiede gelegt wird, lässt sich tatsächlich beobachten. Ein tantrischer Meister fürchtet nicht seine Schwächen zu zeigen oder so gesehen zu werden, wie er ist.

Wenn er eines vermeiden möchte, dann die Abhängigkeit und Unterwerfung der Jünger, denn mit jeder speziellen Beziehung bringt er wieder sein eigenes Erwachen für die Realität auf fundamentale Weise ins Spiel.

Er nimmt teil an den Ängsten, der Begeisterung, den toten

Punkten, der Langeweile und der Mutlosigkeit, dem Zurückschrecken vor dem Verlassen des sicheren Kokons des Ego, der Angst vorm Loslassen. Nie wird man ihn in der Rolle des blasierten Wegführers sehen, was immer der Jünger durchmacht, das erlebt er mit. Eben weil diese Beziehung so intensiv ist, muss sich die tantrische Unterweisung immer nur auf eine kleine Gruppe beschränken. Ohnehin wollen nur die wenigsten wirklich diese Art Intensität, denn sie bedeutet restlose Nacktheit. Die meisten ziehen etwas Anonymeres, etwas Bequemeres vor. Letzten Endes kann man sagen, dass die tantrischen Meister ausschließlich Menschen mit diesem rückhaltlosen Durst unterweisen. Kaum einer ist im stande eine Beziehung dieser Art einzugehen, sobald er wirklich begriffen hat, dass da niemand einen Finger für ihn krümmt, dass jede Abhängigkeit seinerseits die Beziehung nur massiv behindern würde, und dass alles Licht einzig und allein in ihm selber zu finden ist. Die meisten Sucher bringen nicht die nötige Reife mit, um ihren Meister nicht mehr zu idealisieren, um keine Abhängigkeit mehr anzustreben, um ihr Alleinsein zu akzeptieren. Der Rubin des Selbst findet sich in diesem Alleinseins und dieses allein verbindet mit der Welt.

Findest du es nicht anmaßend von „Jüngern" zu sprechen?

Ja, ich weiß, das Wort „Schüler" hört man lieber. Dabei ist es das gleiche Wort. Das französische Wort *disciple*, „Jünger" kommt vom lateinischen *discipulus*, was „Schüler" bedeutet. Man hat nichts dagegen, wenn Professoren, die was auf sich halten, „Jünger" haben, wenn Musiker, die Meister ihres Fachs sind, „Jünger" haben, wenn Wissenschaftler „Jünger" haben, Köche ihre „Jünger" haben. Es ist halt nur ein Wort. Die Meister des *Chan* benutzen eine schöne Formulierung; sie sprechen von „spirituellen Freunden". Seien wir also spirituelle Freunde, wenn dir das lieber ist.

Im Tantrismus ist viel von „Sinnlichkeit“ und „Sexualität“ die Rede. Soll das heißen, dass die Meister sexuelle Beziehungen mit ihren Jüngern haben, wie das oft in anderen Schulen der Fall ist, wo sich die Sexualität in der Verschwiegenheit abspielt?

Die tantrischen Meister sprechen den Menschen in seiner Ganzheit an. Sie reden in der Tat sehr viel von den Sinnen, von Sexualität und Leidenschaft, aber nur deshalb, weil die puritanischen Schulen sich das alles verkneifen oder es abschätzig behandeln. Diese Offenheit bringt natürlicherweise einem sehr engen, sehr intimen Umgang unter spirituellen Freunden mit sich, in dessen Rahmen der Körper wieder zu seinem ursprünglichen Erschauern zurück findet. Aber gerade weil diese Intimität so tief geht und immer in Bewegung bleibt, kommt es nur selten zu sexuellen Beziehungen zwischen Meistern oder Meisterinnen und ihren Jüngern, abgesehen von der Einweihung in die „Große Vereinigung“, zu der es aber nur in Ausnahmefällen kommt. Natürlich kennt man, zu allen Zeiten und in gleich welcher Tradition, Fälle von Meistern, die mit ihren Schülern schlafen. Aber das entzieht sich jeder Bewertung. Manchmal ist das Missbrauch, manchmal ein herrlicher Austausch. Manchmal setzt das den Prozess der Suche in Gang, manchmal blockiert es ihn. Den Moralapostel zu spielen bringt überhaupt nichts. Jeder Fall ist einmalig. Mir ist bei allen tantrischen Meistern immer eine ungeheure Hochachtung vor dem Körper, vor der Ganzheit des andern begegnet. Auch eine enorme Feinfühligkeit. Nie ist mir untergekommen, dass jemand aus persönlichen Motiven ausgenutzt worden wäre; aber ich weiß, dass es so etwas gibt. Manchmal lassen sich keusche und tugendhafte Meister, die ihr ganzes Leben lang peinlich genau ihre Gelübde eingehalten haben, auf Aktivitäten ein, die für die Betroffenen nicht unbedingt befreiend sind. Aber so etwas kann vor allem dort passieren, wo sich auf Grund von strengen Gelübden Frustrationen angestaut haben. Viel schwer wiegender ist, dass man in solchen Fällen versucht, das Tun des Meisters zu rechtfertigen. In den Augen fanatischer Jünger kann er ja angeblich nichts falsch machen, mag er auch die Naivität so mancher von ihnen schamlos ausnutzen, bis hin zur Pädophilie. In solch eine Wahnsinnsdynamik verstrickt, suchen die Opfer von sexuellem Missbrauch vergeblich danach, „was der Meister ihnen wohl damit sagen wollte."

Manch ein Meister macht heimlich genau das Gegenteil von dem, was er lehrt. Manchmal werden Leute zu Unrecht für Meister gehalten und sind nur egozentrische Ausbeuter. Manchmal tun authentische Meister etwas, das verdammenswert scheint, während sie damit die tiefsten Dinge übermitteln. Um all diese Fragen hat sich ein ungeheurer Heiligenschein von Heuchelei gebildet. Manchmal muten Meister ihren Jüngern Aufgaben zu, die zwar mit Sexualität nichts zu tun haben, uns aber allzu gewaltsam erscheinen, obwohl gerade mit ihrer Hilfe die letzten Panzerungen gesprengt werden. Manchmal werden Meister von einer Anwandlung „heiligem Wahnsinns" erfasst und befreien andere durch unvorstellbare Kühnheiten, manchmal geben sie sich als „gewöhnliche Verrückte" und tun gefährliche Dinge. Das mag jeder mit seiner eigenen Intuition entscheiden – wer sind wir, ein Urteil darüber abzugeben?

Große physische Nähe ist ein herrliches und göttliches Spiel, das dir zwar den Kosmos erschließen kann, das aber ebenso enorme Gefährdungen wie Möglichkeiten birgt. Es handelt sich da um eine sehr feine und zarte Beziehung, die beiden Seiten viel Kreativität abverlangt, wenn sie frei bleiben soll von den Gespenstern der Besitzansprüche. Ein tantrischer

Meister projiziert nichts, ein Jünger lernt, nichts mehr zu projizieren, und körperliche Nähe ist ein wunderbares und zartes Spielfeld für diese Lehrzeit, in der alles voller Anmut seinen Lauf nehmen darf.

Es ist eine Kunst, eine fortwährende und absolute Kreativität, ein göttliches Erschauern. Es ist jene Freiheit, die ich mit meiner Meisterin, Devi, erlebt habe. Und es ist genau diese Freiheit, die ich nun weiterlebe, mit einigen Menschen, die diesem Weg folgen.

•

Ich möchte gern ein heikles Problem ansprechen, das in den Gesprächen unter Frauen eine zentrale Rolle spielt. Oft tauschen wir uns über eine gewisse Traurigkeit aus – nämlich darüber, feststellen zu müssen, dass die Männer uns nicht die Befriedigung geben, nach der wir uns sehnen. Es gibt da freilich Ausnahmen, aber ich glaube, dass die überwiegende Mehrheit der Frauen in völliger sexueller Frustration leben und am Ende körperlich wie seelisch austrocknen, da wir nicht die Art von Nähe finden, die wir uns wünschen, von der wir träumen und die wir uns vorstellen. Immer mehr Frauen weigern sich schlicht und einfach routinemässigen Sex zu haben. Es scheint, als würde die Kluft immer tiefer. Wo sind die Männer? Warum kommen sie nicht zu uns in diesen Ozean der Lust, den wir im Stande sind zu erschaffen und zu teilen?

Die Männer haben Angst. Sie verkriechen sich. Sie klammern sich an überholte Wertvorstellungen und Haltungen, die angesichts heutiger Frauen einfach überholt sind. Die Männer leiden: Ihr oberflächliches Gefühl von Überlegenheit auf allen Gebieten wird ständig torpediert durch ihr tiefes, intuitives Wissen um die unglaublichen Fähigkeiten der Frau. Es schwant ihnen, dass sie kein sicheres Territorium mehr haben. Sobald sie sich Frauen nähern, geraten sie in die

Zwickmühle: Einerseits ein zerbröselndes Selbstbild, andererseits eine Riesenangst davor, sich der Frau in ihrer Freiheit, ihrem Mut, ihrer Weltläufigkeit, ihre Sinnlichkeit wieder anzuschließen. Die Verführer von einst sehen sich von ihrer Verführungskunst verlassen, die Machos versagen darin ihren Standpunkt zu vertreten, kurzum: Die Männer erwarten eine Art herbeifantasierten Umsturz unter Führung der Frau.

Ein Tantriker verehrt die Frau, denn er weiß um ihre Macht. Diese Anerkennung zerstreut alle Hindernisse und bildet den Grundstein zu einer tiefen Beziehung. Solange wir die Macht der Frau noch nicht anerkannt haben, können wir sie nicht berühren und können wir sie nicht befriedigen.

Die großen Meister der Vergangenheit, die die Lehren der Yoginis suchten, schmolzen innerlich völlig dahin, sie ließen die ganze starre und sichere Welt des Wissens und der Autorität hinter sich, denn sie erkannten in einem einzigen Augenblick die Macht der Frau und sie ließen sich davontragen in die Ganzheit, in die aufwühlende Vereinigung von Körper, Geist, Gefühlen und kosmischem Raum.

Wenn wir in dieses sphärische Universum eintauchen, in die herrlichen Bögen und Buchten des Gesamtwesens Frau, finden wir zurück zur Geschmeidigkeit des Neugeborenen, zur freudigen Spontaneität, zur unprogrammierten Lust, zur Langsamkeit, zum Leben, das in unseren Organen aufblüht – in Haut, Blick, Bewegung und liebender Geste. Das ist der Augenblick, da der Mann die Frau erneut in ihrer Tiefe berühren kann, denn mit ihr zusammen wird er Welle, Kurve, Atem, leuchtender Raum. Nichts Anderes möchte die Frau vom Mann und der Mann, der sie solcherart berührt, befriedigt sie restlos. Dies ist eine Ausdrucksform, die jenseits von jeglicher Sexualität an die Wurzeln des Seins rührt. Der

Mann findet seine innere Frau wieder – und das ganze Universum wird zur Shakti.

•

Im Tantrismus wird oft von der Kontrolle des Samenergusses gesprochen, die es den Männern ermöglichen soll bessere Liebhaber zu sein. In deinen Büchern wird diese Technik ebenfalls erwähnt. Ist das tatsächlich machbar oder handelt es sich da um eine „spirituelle" Utopie?

Die Wörter „kontrollieren", „Technik" und „leistungsfähig" spielen auf eine bestimmte Utopie an, nämlich den Irrglauben, eine Frau erwarte von einem Mann, dass er es ihr richtig besorgt. Sie erwartet viel mehr als das. Sie erwartet in der Tiefe ihres gesamten Seins berührt zu werden. Ich verstehe, dass man sich für das Erstere interessieren kann, schließlich hat mich das einmal selber interessiert; aber großherzige und feinfühlige Frauen haben mich verstehen gelehrt, dass dies nur ein jämmerlicher Versuch war im Vergleich zu ihrem tiefsten Sehnen. Bisweilen hat man mir das auf eine ziemlich direkte Art und Weise klar gemacht. Irgendwann hat mich eine Frau dann mal buchstäblich verprügelt, als ich gerade dabei war ihr meine Potenz unter Beweis zu stellen. Wofür ich ihr ewig dankbar bin.

Wenn du dich in dieser Phase befindest, die zu was ganz Anderem hinführen mag und durchaus nicht verdammenswert ist, braucht man sich nicht um Tantra zu bemühen. Amerikanische Sexologen haben da wirksame Kontroll-Methoden entwickelt; z.B. Frau Dr. Barbara Keesling in ihrem Buch „Wie man die ganze Nacht lang Liebe machen kann" – da kannst du dergleichen finden. Mach dir aber bitte klar, dass du dann dazu bereit sein musst tagtäglich zu masturbieren, das aufgeschlagene Buch in der freien Hand oder auf einem Lesepult, und auf die Hilfe barmherziger Assistentinnen angewiesen bist. Das ist zwar ein hartes Stück Arbeit, aber durchaus praktizierbar, keineswegs utopisch. Utopisch ist eher der Sinn dieses Unterfangens. Trotz der ausgesprochen praktischen Seite dieser Abhandlung kommt nur sehr selten mal einer ans Ziel, ganz einfach deshalb, weil das Ziel hier einseitig definiert wird und die tiefe und umfassende Sehnsucht der Frau nicht mit einbezieht. Kontrolle, Leistungsdenken, Techniken – all das ist dem vollkommenen Genuss zutiefst unzuträglich.

•

Du sprichst oft von Kreativität, von Kunst, von ästhetischer Schönheit, von Anmut im menschlichen Umgang. Entspricht das einer persönlichen Neigung von dir oder gehört das irgendwie zum tantrischen Ansatz dazu?

Beides. Die historischen Tantrameister Kaschmirs waren Künstler. Für sie spielt nicht nur Musik eine entscheidende Rolle, sondern auch Dichtung, die Ästhetik, die formale Schönheit eines Kunstwerkes, das innere, von der ästhetischen Empfindung verursachte Erschauern – kurz, das Erbeben des Wesenskerns. Angesichts von Schönheit findet immer ein Wiedererkennen statt, denn sie lockt uns hinaus in den Kosmos und löst die Bindung ans Ego auf. Wenn wir Musik hören oder vor einem Gemälde stehen, lösen wir uns auf – und unser Gefühl von Getrenntheit verschwindet. Dann finden wir uns in der pulsierenden Vibration des Bewusstseins wieder, in der Wirklichkeit, wo es weder Subjekt noch Objekt gibt. Die Empfänglichkeit für Kunst führt zu einer verstärkten Wahrnehmung von Schönheit im banalen Alltag. Im selben Moment wird unser gesamtes Leben zum

Ausdruck einer Kunst, die sich ununterbrochen regeneriert.

Gerade diese Schönheitsliebe hat die tantrischen Meister dazu angetrieben, ihre Unterweisungen selbst niederzuschreiben, in knappen Texten von enormer Dichte und voller Suggestivkraft. Es genügte ihnen nicht einfach nur Ideen oder philosophische Konzepte in die Welt zu setzen. Sie hatten einen liebenden, ja sinnlichen Zugang zu den Worten, zur Sprache, zu der tiefen Dynamik von Stille und Raum, die den Urgrund jeglicher ästhetischen Form darstellt.

Sobald wir in die Tiefe des menschlichen Seins eindringen, drängen sich dem Tantriker Vergleiche mit der Kunst auf, denn die Suche des Tantrikers besteht genau darin, sein Leben in ein Kunstwerk zu verwandeln – heißt: Die tiefe Beziehung des individuellen Menschseins zum kosmischen All zu entdecken.

Informationen über Seminare mit Daniel Odier:
www.danielodier.com
email: charlotte@danielodier.com
Tel: ++41 22 348 88 54

Quellennachweis

1. Joseph Campbell, *A Fire in the Mind*, A Biography, Inner Traditions International, 2002
2. Bill Porter, *La route céleste*, Librairie de Médicis, 1977
3. Gregory Bateson & Mary Catherine Bateson, Angels Fear: *Towards an Epistemology of the Sacred*, MacMillan 1984
4. Motilal Barnasidass, *The Krama Tantrism of Kashmir, Vol. I*, Delhi 1979
5. Ajit Mookerjee, Kali: *The Feminine Force*, London, Thames & Hudson, 1995
6. Thich Nhat Hanh, *Das Wunder der Achtsamkeit*, 2001
7. Thomas Cleary, (Übersetzer), *Minding Mind: A Course in Basic Meditation*, Shambhala Publications, 1995
8. Sigmund Freud, *Das Unbehagen in der Kultur*, Fischer Tb., 1994
9. *La Lumière sur les Tantras*, übersetzt und kommentiert von Lilian Silburn und André Padoux, Inst. de civilisation indienne, Collège de France, Paris, 1998
10. *Spandakarika, Stances sur la Vibration*, Vasugupta, mit Anmerkungen. Einführung und Übersetzung von Lilian Silburn, Institut de Civilisation Indienne, dif. de Boccard, Paris 1990
11. Daniel Odier, *Tantra Yoga*. Le tantra de la „Connaissance Suprême". Albin Michel, Paris 1998
12. Fa-hai, *Le Soutra de l'Estrade du Sixième Patriarche Houei-neng* (638-71), Points Sagesse, Seuil 1995
13. Lilian Silburn, *Aux sources du Bouddhism*, Fayard 1977 und 1997
14. Swami Muktananda, *Nothing exists that is not Shiva. Commentaries on the Siva Sutra, Vijnanabhairava, Gurugita, and Other Sacred Texts*, SYDA Foundation, NY 1979
15. Thomas Cleary, *Minding Mind*, siehe oben
16. Daniel Odier, *Tantra Yoga*, siehe oben
17. *The Lankavatara Sutra*, a Mahayana Text, übersetzt und kommentiert von D.T.Suzuki, S.M.C. Publishing Inc. Taipeh, 1991
18. *Les Entretiens de Mazu*, trad. et notes de Catherine Despeux, Les Deux Océans, Paris 1989
19. *Les Hymnes de Louange à Shiva*, trad. R.E.Bonnet, Adrien Maisonneuve, Paris, 1989
20. Lilian Silburn, *Aux sources du Bouddhisme*, siehe oben
21. *Doctrine Secrète de la Diesse Tripura*, Traduction, introduction, et notes par Michel Hulin, Fayard 1979

22. *Doctrine Secrète de la Diesse Tripura*, siehe oben
23. Abhinavagupta, *La lumière sur les Tantras*, Kap. 1 bis 5 des Tantraloka
24. Miranda Shaw, *Erleuchtung durch Ekstase, Frauen im tantrischen Buddhismus*, Krüger Verlag, Fankfurt 1997
25. Vgl. Thomas Cleary, *Minding Mind*, siehe oben
26. Vgl. Thomas Cleary, *Minding Mind*, siehe oben
27. John Hugues, *Self Realization in Kashmir Shaivism, The Oral Teachings of Swami Lakshmanjoo*, State University of New York Press, 1994
28. Kalu Rinpoche, *Den Pfad des Buddha gehen, Eine Einführung in die meditative Praxis des tibetischen Buddhismus...*, O.W. Barth, 1998
29. Lalla, *Chants mystiques du tantrisme cachemirien*, trad. et commentaire de Daniel Odier, Point Sagesse, Seuil, 1993
30. Vgl. Thomas Cleary, *Minding Mind,* siehe oben
31. Translation from Mike Magee, Hindu tantrik site, Internet
32. Abhinavagupta, *L'essenza dei Tantra,* Vorwort, Übers., Anm. u. Kommentar von Raniero Gnoli, Anhang 3,
33. Raniero Gnoli zufolge muss man sich diese ‚Kraft' bzw. das Bewusstsein selbst als eine Art Ausschüttung vorstellen, welche die Welt unaufhörlich erneuert. Diese Ausschüttung von Kraft (die Kraft wird auch mit einem Saatkorn verglichen) geht auf die Vereinigung zweier Gegensätze zurück, Shiva und Shakti (Schöpferkraft), Sonne und Mond usw. „Überflutet von beseligter Ausschüttung, Folge der Vereinigung der Geschlechtsorgane von Shiva und Shakti, erneuert sich alles unaufhörlich." (TA, V, 124).
Jede Art von Genuss, gewissermaßen jede Emotion, muss man sich als eine Erschütterung dieser Kraft vorstellen.
34. Die Absonderung der Ausschüttung kommt auf physiologischer Ebene dem Samenerguss gleich. Jede Form von Genuss kann unter diesem Aspekt als eine Art Ausschüttung verstanden werden. Kosmisch gesehen lässt sich die Entstehung der Welt letztlich als Absonderung der Ausschüttung begreifen, implizit enthalten in unserem Bewusstsein (Raniero Gnoli).
35. Nach indischer Auffassung gibt es nur zwei ästhetische Sinneswahrnehmungen, Sehen und Hören. Alles durch die anderen Sinne Wahrgenommene kreist ausweglos nur um sich selbst, sozusagen unfähig, die Schranken des beschränkten Egos und seiner konkreten Eigeninteressen zu durchbrechen (Raniero Gnoli).
35. *Paratrimsika*, 29b, (Raniero Gnoli)
36. *Vijnanabhairava Tantra*, Strophe 70, (Raniero Gnoli)
37. Der Kanal der Mitte, Shushumna, ist das Bewusstsein selbst, (R. Gnoli)

38. *Vijnanabhairava Tantra*, Strophe 69. Dieser Genuss kann sich mit anderen Worten also auch ohne eine tatsächlich anwesende Frau einstellen, einfach nur, indem man sich ganz auf die Frau konzentriert (R. Gnoli). Vgl. auch Übersetzung des Vijnanabhairava Tantra in: Daniel Odier, Tantra Yoga, siehe oben

39. Übersetzt und kommentiert von Lilian Silburn, College de France, Diff. De Boccard 1995

40. vgl. Daniel Odier, *Tantra: Eintauchen in die absolute Liebe, Eine Initiation im Himalaya*, Lübbe, 1997

41. Vgl. folgende Werke: Ajit Mookerjee, *Kundalini, The Arousal of Inner Energy,* Destiny Books 1982; Gopi Krishna, *Kundalini: Evolutionary Energy in Man*, Shambala Publications 1997; Lilian Silburn, *Kundalini, The Energy of Depths,* State University of New York Press, 1988; Swami Muktananda, *Kundalini, Das Geheimnis des Lebens,* Siddha Yoga Verlag 2002; Lee Sannella, *The Kundalini Experience: Psychosis or Transcendence*, Integral Publishing, 1992; Arthur Avalon, *Serpent Power*, Dover Publications 1974

42. *Tantrasara d'Abhinavagupta*, Übersetzung und Einführung von R. Gnoli

43. Raniero Gnoli, *La luce delle sacre scritture: Tantraloka*

44. *Tantraloka*, übers. von Daniel Odier, siehe oben

45. Daniel Odier, *Tantra Yoga*, siehe oben

46. *Spandakarika, Le Chant du Frémissment*, von Kallata, übers. und kommentiert von Daniel Odier, Le Relié.

47. Éric Baret, *Le Sacre du Dragon Vert, Pour la joie de ne rien être*, coll. Voyageurs Immobiles, JC Lattès, 1999

48. Lalla, *Chants mystiques du tantrisme cachemirien*, siehe oben

info@editioninnenwelt.de